anders backen zu Weihnachten

Bildnachweis

Kneipp-Verlag/Peter Barci: Cover, alle Rezeptbilder
iStockphoto.com: Seite 21 li, Hintergrundillustrationen
fotolia.de: Seite 15, 16, 17, 19, 21 re., 25, 26
dreamstime.com: Seite 8, 13, 14, 22, 27, 28, 29, 34
Robert Saringer: Autorenfoto Ulli Goschler
Stefanie Golser: Autorenfoto Anja Haider-Wallner

Impressum

Copyright: Kneipp-Verlag GmbH und Co KG
Lobkowitzplatz 1, A-1010 Wien
www.kneippverlag.com
www.facebook.com/KneippVerlagWien

ISBN: 978-3-7088-0631-0

Autorinnen: Anja Haider-Wallner, Ulli Goschler
Lektorat: Waltraud Wetzlmair-Zechner, Eva Manhardt
Umschlaggestaltung: Christian Graf, www.ceeqoo.com
Art Direction/DTP: Werner Weißhappl, plan_w
Druck: Theiss GmbH, A-9431 St. Stefan
Printed in Austria

1. Auflage, Oktober 2014

Anja Haider-Wallner
Ulli Goschler

anders backen zu Weihnachten

Gesunde Alternativen zu Weißmehl und weißem Zucker

Mit Rezeptbildern von Peter Barci

kneipp verlag
WIEN

Inhaltsverzeichnis

Aus aller Welt

Kuchen, Torten, Muffins

Kekse, Cookies & Co. zum Verschenken

Weihnachtliche Desserts

Die stillste und süßeste Zeit im Jahr …

Weihnachten ist eine besondere Zeit im Jahr. Eine Zäsur, ein Zeitpunkt der Besinnung. Aber auch eine Zeit des Genusses, der Familienfeste und häufig eine Zeit, in der wir große Mengen an Süßem zu uns nehmen. Süße entspannt bekanntlich – und vermittelt uns Geborgenheit. Süßes kann glücklich machen, aber wir wissen in der Zwischenzeit auch: Süßes kann unserem Körper ganz schön schaden. Industriezucker und ausgemahlenes, hochgezüchtetes Weizenmehl sorgen dafür, dass süß oft ungesund ist.

Wir haben uns in diesem Buch – motiviert durch den großen Erfolg von „Anders backen" (erschienen im Oktober 2013) – abermals den Alternativen zu weißem Weizenmehl und Industriezucker gewidmet und diese in die stillste Zeit im Jahr verlegt. Wir verfolgen einen ganzheitlichen Ansatz und beschäftigen uns seit vielen Jahren mit gesunder Ernährung.

Aber bevor wir Ihnen unsere vollwertigen und „anders süßen" weihnachtlichen Rezepte präsentieren, wollen wir Ihnen mit ein paar wissenswerten Informationen zu den Zutaten Lust machen, ausgetretene Wege zu verlassen und sich auf die Vielfalt von alten Getreiden und alternativen Süßungsmitteln einzulassen und diese kennenzulernen.

Die süßen Seiten des Lebens genießen

Die negativen Auswirkungen eines hohen Konsums an weißem Industriezucker und ausgemahlenem Weißmehl wird heute kein Gesundheitsexperte mehr abstreiten. Die Liste der negativen Folgen ist lang: Industriezucker gilt u. a. als Kalziumräuber, der Zähnen und Knochen schadet, er hat sehr negative Auswirkungen auf den Stoffwechsel, kann entzündliche Prozesse im Körper anheizen und übersäuert den Körper.

Die natürliche Süße, die in Früchten, Gemüse und Getreiden vorkommt, ist stets kombiniert mit einer Vielzahl an Spurenelementen, Vitaminen, Ballaststoffen und anderen Vitalstoffen, die u. a. auch wichtige Funktionen bei der Verstoffwechselung von Kohlenhydraten – also Zucker – haben. All diese Begleitstoffe fehlen bei weißem Industriezucker und Auszugsmehlen von hochgezüchtetem Getreide, allem voran dem Weizen.

Körper und Geist leiden bei dieser Form der Ernährung enorm und bilden verschiedenste Störungen aus: Candida-Pilzinfektionen, Verdauungsstörungen, Antriebslosigkeit, Heißhungerattacken, Konzentrationsschwäche, erhöhter Blutzuckerspiegel, Nahrungsmittelunverträglichkeiten, Diabetes bis hin zu Depressionen sind u. a. Folgeerscheinungen eines hohen Zucker- und Weißmehlkonsums.

Der süße Geschmack im indischen Ayurveda

Ganzheitliche Ernährungstheorien wie das indische Ayurveda oder die Traditionelle Chinesische Medizin (TCM) setzen sich seit Jahrtausenden mit der Wirkweise von Geschmäckern auseinander.

Die alte Weisheit aus Indien betrachtet Zucker und Süße nicht grundsätzlich als gut oder schlecht, sondern stellt einen individuellen Bezug her. Der süße Geschmack beruhigt aus ayurvedischer Sicht bei zu viel Stress, Wetterumschwüngen, Reisen, Unregelmäßigkeit. Er kühlt Körper und Geist und wirkt nährend. Besonders nachmittags kommt der Gusto auf eine süße Kleinigkeit, um das Körper-Geist-Seele-System in Balance zu halten. Da kann die eine oder andere Nascherei gerade in der heutigen Zeit „überlebenswichtig" sein.

Der süße Geschmack in der Traditionellen Chinesischen Medizin

Auch in der Traditionellen Chinesischen Medizin (TCM) nimmt der süße Geschmack einen wesentlichen Platz ein. Er ist in diesem System den Organen Magen und Milz zugeordnet, die als die zentrale Einheit für sämtliche Assimilations- und

Verdauungsprozesse im Körper verstanden werden. Demnach werden Magen und Milz auch „die Mitte" genannt, die es zu stärken gilt. Der süße Geschmack stärkt also unsere Mitte.

Wenn unser Körper Lust auf Süßes signalisiert, zeigt er an, dass Milz und Magen gestärkt werden wollen. Unser Körper sehnt sich nach der natürlichen Süße, wie sie z. B. in Karotten, Rüben und Kürbissen, in sonnengereiftem Obst, in vollwertigem Getreide, in natürlichen Süßungsmitteln wie Honig, in Nüssen und Samen und gar in manchem Kraut vorkommt.

Hier sind sich wohl alle Systeme – einschließlich unserer westlichen Ernährungswissenschaft – einig:
Für eine langfristige Gesunderhaltung ist wesentlich, ob wir zur Schokolade mit weißem Zucker und allerlei Zusatzstoffen oder zu gesunden Süßspeisen, die der eigenen Verdauung zuträglich sind, greifen.

Die guten und die bösen Fette

Auch das Thema Fett muss unter die Lupe genommen werden, wenn wir vom Verzehr von Backwaren und Süßigkeiten reden. Eine Zeit lang war das Fett undifferenziert verteufelt worden. In der Zwischenzeit weiß man, dass Fett nicht gleich Fett ist.

Auch hier gilt abermals: Was industriell mit hohem Energieaufwand und dem Zuhilfenehmen von chemischen Lösungsmitteln hergestellt wird, ist unserem Körper meist wenig zuträglich.

Zu den ungesunden Fetten gehören gehärtete oder teilgehärtete Fette, Margarine, raffinierte Öle, überhitzte oder ranzige Fette und sogenannte Transfette. Letztere entstehen bei der Härtung von Pflanzenölen und werden in der Zwischenzeit für allerhand Herz-Kreislauf-Erkrankungen verantwortlich gemacht. Transfette findet man häufig in industriell hergestellten Keksen und Backwaren.

Kalt gepresste und mit mechanischen Mitteln gewonnene Öle, wie hochwertiges Olivenöl extra vergine, sowie andere wertvolle Öle aus Samen oder Kernen (Sesamöl, Hanföl, Sonnenblumenkernöl, Traubenkernöl, Walnussöl etc.) sind unserer Gesundheit da schon wesentlich besser zuträglich.

Auch naturreines, kalt gepresstes Bio-Kokosfett gilt als wertvolles Fett, das aufgrund seines hohen Rauchpunktes sogar zum Frittieren gut geeignet ist. Der Anteil von rund 45 Prozent Laurinsäure, der viele gesunde Eigenschaften nachgesagt werden, kann uns wertvolle Dienste leisten.

Auch Butter und Butterschmalz liefern aus ganzheitlicher und ernährungsphysiologischer Sicht einen wesentlich gesünderen Beitrag zu einer gesunden Ernährung als ihre Äquivalente aus dem Chemielabor.

Ghee – Ayurvedisches Juwel

Ghee wird aus Sauerrahmbutter hergestellt, das Butterreinfett wird in einem langsamen Kochvorgang von Wasser und Milcheiweiß getrennt. Ghee wird auch gerne als „Juwel" der alten indischen Weisheitslehre Ayurveda bezeichnet. Es heißt, dass die Verwendung von Ghee den Körper von innen nährt, Wundheilung fördert, entzündungshemmend, kräftigend und verjüngend wirkt. Ghee soll zudem den Körper reinigen, den Zellstoffwechsel anregen und die Verdauung unterstützen. Viele weitere positive Auswirkungen werden Ghee nachgesagt, es kann auch äußerlich angewandt werden und hält sich lange bei Zimmertemperatur.

Besonders wertvoll beim Kochen ist jedoch die Tatsache, dass Ghee Ihren Süßspeisen und Backwaren einen ganz besonderen und kulinarisch hochwertigen Touch verleiht.

Hochwertige Fette können also sogar einen wesentlichen Beitrag zu unserer Gesunderhaltung liefern und sind nicht per se ungesund, wie uns dies von der „Light- und Margarine-Industrie" lange verkauft wurde.

Fettlösliche Vitamine, wie die Vitamine A, D, E und K, benötigen beispielsweise Fett, um überhaupt aufgenommen zu werden. Auch eine Reihe an hormonellen und enzymatischen Vorgängen unseres Körpers ist auf die Zufuhr von hochwertigen Fetten angewiesen.

Außerdem ist Fett ein Geschmacksträger und Sattmacher, es verringert Schwankungen unseres Blutzuckerspiegels und ist für das Funktionieren unseres Gehirns von Bedeutung.

Naturgemäß ist ein Zuviel an Fetten nicht gesund – das gilt ohnehin für so gut wie alles. „Die Dosis macht das Gift", sagte schon Paracelsus.

Die Menge und die Qualität der Fette bestimmen also darüber, ob wir uns Gutes tun oder unsere Gesundheit mit Füßen treten.

Eier und das Cholesterin

Dass der Konsum von Eiern in Bezug auf unseren Cholesterinspiegel und für unsere Gesundheit schädlich sein soll, wurde lange Jahre propagiert. In der Zwischenzeit mehren sich die kritischen Stimmen – von Ganzheitsmedizinerinnen und -medizinern ebenso wie von wissenschaftlichen und schulmedizinischen Expertinnen und Experten. Viele dieser Argumente wurden als „Cholesterin-Lüge" entlarvt, die Pharmaindustrie und Lebensmittelkonzerne beim Absatz cholesterinsenkender Medikamente und Lebensmittel wie Margarine unterstützen sollte.

In der Zwischenzeit wird hier durchaus differenzierter argumentiert. Nicht das Cholesterin, das natürlich in Lebensmitteln wie Eiern oder Milchprodukten vorkommt, sei das Problem. Wieder einmal mehr seien wir vor allem mit industriell hergestellter Ware schlecht bedient: Oxidiertes Cholesterin, das vor allem in Volleipulver, Vollmilchpulver, geriebenem Käse, diversen Backwaren, Keksen und Kuchen vorkommt, kann schädliche Auswirkungen auf unsere Gesundheit haben.

Da in der Zwischenzeit aber auch die Stimmen laut geworden sind, die sowohl aus ethischen als auch aus gesundheitlichen Beweggründen generell den Verzehr von tierischen Produkten infrage stellen, haben wir in diesem Buch auch viele vegane Rezepte kreiert, die gänzlich ohne Eier auskommen.

Pflanzenmilch

Die Verwendung von Kuhmilch und Kuhmilchprodukten wurde in den letzten Jahren immer mehr hinterfragt und es hat sich der Trend entwickelt, statt zu Kuhmilch zu Pflanzenmilch zu greifen. Viele Menschen leiden unter Laktoseintoleranz oder vertragen Milch oft schlecht. Eine andere Gruppe möchte auf tierische Produkte verzichten und meidet aus diesem Grund Kuhmilch. Daher haben auch wir in einem Teil unserer Rezepte Pflanzenmilch verwendet. Es steht in Bioläden, Reformhäusern und in der Zwischenzeit auch häufig bereits in Supermärkten eine Vielzahl an Alternativen zur Verfügung. Wir verwenden u. a. gerne Kokosmilch, Dinkelmilch, Hafermilch, Sojamilch, Reismilch und Mandelmilch.

Wertvolle Alternativen

Beim Verarbeiten von Eiern und Milchprodukten in Ihren hausgemachten Backwaren empfehlen wir übrigens – wie auch bei all den anderen Zutaten wie Getreide, Obst und Gemüse –, darauf zu achten, dass diese aus biologischer Landwirtschaft stammen. Verzichten Sie auf billige Massenware und verarbeiten Sie ausschließlich hochwertige Produkte. Meiden Sie – so weit wie möglich – Fertigprodukte, achten Sie auf Regionalität und Saisonalität! Ihre Backwaren und Süßigkeiten selbst herzustellen, schützt Sie davor, ungesunde und denaturierte Nahrung zu sich zu nehmen.

13

Die Vielfalt des Getreides (wieder-)entdecken

Mit der richtigen Auswahl hochwertiger Grundzutaten können auch Ihre Süßspeisen, Kekse, Kuchen oder Torten zu vollwertigen und wertvollen Mahlzeiten werden, wenn Sie dabei einige Dinge beachten.

Wer sich heute in einer Bäckerei oder in der Süß- und Backwarenabteilung eines Supermarktes umsieht, wird fast ausschließlich Produkte aus hochgezüchtetem, weißem, ausgemahlenem Weichweizen entdecken. Es mutet an, als gäbe es auf der Welt kein anderes Getreide mehr. Wir haben im Zuge der Industrialisierung völlig verlernt, welche Vielfalt an Getreide und getreideähnlichen Pflanzen die Natur hervorbringt.

Buchweizen

Buchweizen gehört zur Familie der Knöterichgewächse und zählt auch zu den sogenannten „Pseudogetreiden". Aufgrund seiner gesundheitlichen Eigenschaften wurde er 1999 in Deutschland sogar zur Arzneipflanze des Jahres gewählt. Buchweizen ist reich an Eiweiß und wird häufig als blutzucker- und blutdrucksenkend beschrieben. Vor allem sein Rutingehalt wird als großer Gesundheitsvorteil erachtet. Buchweizen ist ebenso glutenfrei und daher für Zöliakiepatienten und Glutenallergiker geeignet.

Dinkel

Die Verwendung und der Gesundheitswert von Dinkel haben durch die Verbreitung der Lehren der Hildegard von Bingen, der Äbtissin und heilkundigen Frau aus dem 12. Jahrhundert, enorm an Bedeutung gewonnen. Dinkel wurde wie Einkorn und Emmer aufgrund der weitverbreiteten Kultivierung von Weichweizen nahezu verdrängt, erfährt aber seit geraumer Zeit wieder einen Aufschwung. Dinkel ist ein sehr robustes und genügsames Getreide und gedeiht daher auch in klimatisch raueren Gegenden und auf kargen Böden. Er benötigt kaum Düngung und ist daher vor allem in der biologischen Landwirtschaft sehr beliebt. Dinkel wird heute wieder vermehrt in der Schweiz, in Schwaben, im österreichischen Alpenraum und im Waldviertel kultiviert.

Das preiswerte Getreide hat einen hohen Eiweißanteil, enthält wertvolle komplexe Kohlenhydrate, jede Menge Ballaststoffe, Vitamine und Spurenelemente, besonders Magnesium. Laut Hildegard von Bingen bereitet er seinen Konsumentinnen und Konsumenten „rechtes Fleisch und Blut und macht die Sinne froh". Auch die Zusammensetzung seiner Fettsäuren macht den Dinkel zu einem besonders wertvollen Getreide.

Einkorn

Einkorn ist eine Urform des Weizens, die bereits in der Jungsteinzeit mit einwandernden Ackerbauern nach Europa gelangt ist. Bis ins Hochmittelalter war Einkorn im alpenländischen Raum eine der Hauptgetreidearten.

Einkorn hat einen charakteristisch cremig-nussigen Geschmack. Eine seiner ernährungsphysiologischen Besonderheiten ist ein sehr hoher Anteil an Gelbpigmenten, die eine Vorstufe der Carotinoide darstellen. Diese wirken immunstärkend, krebsvorbeugend und stärken unsere Sehkraft.

Als Einkornreis kommt es für Aufläufe und Laibchen gerne zum Einsatz. Einkornmehl ist besonders für die Herstellung von Palatschinken, Kuchen und Brot geeignet. Für die Zubereitung von Germteig und Keksen mit Einkornmehl braucht es ein wenig Geduld und Übung. Als Bindemittel eignet sich Einkornmehl weniger. Für süße Knödel beispielsweise sollten Sie auf andere Mehle zurückgreifen.

Emmer

Emmer wird vor allem in Italien, aber auch im Alpenraum und restlichen Europa kultiviert. Seine äußere Erscheinungsform ist besonders, da seine Ähren in prächtigen Farben von Weiß, Blau, Rot über Braun und Schwarz beeindrucken. Er hat einen feinwürzigen Geschmack und eine große Quellfähigkeit. Emmer ist reich an Mineralstoffen und Eiweiß. Emmermehl ist geeignet für Mürbteig, Nudeln, Brot und Gebäck.

Emmer weist einen hohen Gehalt an Zink, Eisen und Kupfer auf, ist sehr eiweißreich und hat einen hohen Gehalt an essenziellen Aminosäuren.

Hafer

Hafer ist ballaststoff-, eiweiß- und fettreich und in einer gesunden Küche ein wertvoller Bestandteil. Er zeichnet sich durch einen hohen Gehalt an Vitaminen, Spurenelementen und ungesättigten Fettsäuren aus. Das Getreide liefert zudem wichtige Mineralstoffe, unter anderem Magnesium, Eisen, Phosphor, Kupfer, Zink und Mangan. Hafer wird vorzugsweise in Form von Haferflocken verwendet. Zum Backen eignet sich Hafer vor allem in Kombination mit anderen Getreiden, da er selbst kein Klebereiweiß enthält.

Hartweizen

Hartweizen ist ein spelzfreies Getreide und vermutlich aus dem Emmer entstanden. Seine harten Körner und sein kleberreiches Mehl eignen sich vor allem für die Herstellung von Teigwaren und – für das Backen interessant – für die Grießherstellung. Auch Couscous und Bulgur werden häufig aus Hartweizen hergestellt.

Hirse

Hirse ist ein besonders wertvolles und nährstoffreiches Lebensmittel, das mit einem hohen Mineralstoffgehalt auftrumpfen kann und zu den basenbildenden Getreidesorten zählt. Vor allem ihr Kieselsäuregehalt ist sehenswert, der Haare, Nägel und Bindegewebe festigt. Durch ihren Eisengehalt ist Hirse hilfreich beim Blutaufbau.

Als glutenfreies Getreide ist es auch für Zöliakiepatientinnen und -patienten und Menschen mit Glutensensitivität eine willkommene und schmackhafte Alternative. Da Hirse selbst keine Klebereigenschaften hat, ist es zum Backen als Beigabe zu anderen Getreidesorten geeignet.

Neben der weit verbreiteten Goldhirse ist auch die Braunhirse erwähnenswert. Diese hat ebenfalls eine hohe Konzentration an Spurenelementen und Mineralstoffen aufzuweisen und punktet mit vielen gesundheitsfördernden Vorteilen.

Achtung: Vor einem übermäßigen und regelmäßigen Verzehr von großen Mengen an Braunhirse wird allerdings von manchen Expertinnen und Experten abgeraten, da in der ungegarten Schale auch ein hoher Blausäuregehalt nachweisbar ist.

Kamut

Ist eine Hartweizenart, die ursprünglich aus dem Nahen Osten stammt. Die Getreidekörner sind größer als Weizenkörner und das Mehl ist von hellerer Farbe. Der Geschmack ist leicht nussig. Das Mehl ist für verschiedene Backwaren geeignet, die sich aufgrund des hohen Eiweißanteils länger halten. Es wird berichtet, dass Menschen mit Weizen- oder Glutensensitivität Kamut ohne Schwierigkeiten vertragen. Da er dennoch Gluten enthält, gilt dies nicht für Menschen, die an Zöliakie leiden.

Mais

Mais wurde bereits von den alten indianischen Hochkulturen verehrt und galt dort als hochwertige Nahrungsgrundlage. Zur Zeit von Christoph Columbus wurde er zu uns nach Europa gebracht. Die weltweit größten Maisproduzenten sind in unseren Tagen die USA, gefolgt von China, Brasilien und Mexiko. Aber auch Deutschland und Österreich produzieren zusammen immerhin rund 6.000.000 Tonnen pro Jahr.

Mais enthält zahlreiche Mineralien und Spurenelemente, u. a. Kalium, Kalzium, Zink, Magnesium, Kieselsäure, Eisen, Selen, B-Vitamine wie auch Carotinoide.

Für Glutenallergiker ist er gut geeignet, da er über keinerlei Klebereiweiß verfügt. Beim Backen muss auf diese Eigenschaft Rücksicht genommen werden. Mais muss deshalb mit glutenhältigen Mehlen kombiniert oder in Kombination mit Johannisbrotkernmehl oder Guarkernmehl verarbeitet werden, wenn ein teigiges Volumen erwünscht wird.

Frisch gemahlen

Wer mit Vollkornmehl bäckt, sollte die Anschaffung einer Getreidemühle in Erwägung ziehen! Wenn der ölhaltige Keimling mitvermahlen wird – wie das bei Vollkornmehl der Fall ist –, kann dieser leicht ranzig werden. Daher sind Vollkornmehle wesentlich kürzer haltbar als weiße Auszugsmehle. Die meiste Vitalkraft hat das Mehl, wenn es frisch gemahlen verarbeitet wird. Unbehandeltes Vollkornmehl ist rund 2 bis 4 Monate haltbar.

Wenn Sie keine Getreidemühle besitzen, lassen Sie sich das Getreide frisch im Bioladen mahlen – und zwar unmittelbar bevor Sie es verarbeiten möchten.

Pfeilwurzelmehl

Pfeilwurzelmehl wird als gut verträgliches Bindemittel zum Eindicken für Saucen und Puddings verwendet. Es wird auch als „Arrowroot" bezeichnet, ist glutenfrei und pflegt den Darm. Wir haben Pfeilwurzelmehl in manchen Rezepten als zuckerfreien Staubzuckerersatz verwendet und so das Aussehen von klassischem, weihnachtlichem Staubzuckergebäck erzeugen können, ohne weißen Zucker dafür verwenden zu müssen.

Reis

Auch mit Reis und Reismehl kann die alternative süße Küche bereichert werden. Reis und Reismehl enthalten kein Gluten und haben daher keine klebenden Eigenschaften. Beim Verarbeiten zu Kuchen und dergleichen muss also entweder mit anderen Getreiden kombiniert oder auf alternative Klebemittel wie Johannisbrotkernmehl oder Guarkernmehl zurückgegriffen werden.

In der süßen Küche eignet sich Reismehl vor allem auch zum Binden, z. B. von Puddings. Gekochter Reis kann zudem für diverse Süßspeisen und Desserts wie Cremen, Reisbreis und Aufläufe verwendet werden.

Reis ist eines der wertvollsten Getreide und in einer gesunden Küche ein sehr wesentlicher Bestandteil. Ungeschälter Naturreis enthält in seinem Silberhäutchen und im Keim u. a. die Vitamine B_1, B_2 sowie Niacin und Eisen.

Speisestärke

Speisestärke wird in unseren Breiten vor allem aus Mais, Kartoffeln oder Reis gewonnen und ist ebenfalls zum Binden und Stabilisieren einer pflanzlichen Küche gut geeignet. Sie ist geschmacksneutral, vegan und je nach Grundprodukt meist glutenfrei.

Weizen

Weizen gehört zur Pflanzenart der Süßgräser und seine Früchte werden botanisch als „einsamige Schließfrüchte" bezeichnet. Der bekannteste und verbreitetste Vertreter seiner Gattung ist der Weichweizen. Zur Weizenfamilie gehören aber auch Dinkel, Emmer, Einkorn und Kamut.

Weichweizen

Weichweizen zählt zu den ältesten Getreidesorten und entstand ca. 7000 v. Chr. durch die Kreuzung von Emmer und Ziegengras. Er ist die weltweit am meisten verbreitete Getreideart und wird vorrangig für die Brot- und Gebäckerzeugung sowie zur Herstellung von Malz und als Tierfuttermittel produziert. Um Erträge und Gewinne zu steigern, wurde der Weichweizen im letzten Jahrhundert enorm hochgezüchtet und so verändert, dass er den Anforderungen maschineller Ernten im großen Stil ebenso wie den Anforderungen der Lebensmittelindustrie gerecht wurde.

In Brot, Gebäck, Süßwaren, in Wurstwaren, Aufstrichen, Fertiggerichten, aber auch in Tiefkühlgemüse, Saucen und Fertigsuppen ist Weichweizen ein wesentlicher Bestandteil. Mit dem erhöhten Konsum an industriell kultivierten Weizenprodukten steigt auch die Anzahl jener Menschen, die diese Produkte nicht mehr vertragen. Kritische Stimmen mehren sich, dass der Konsum von hochgezüchtetem Weizen unserer Gesundheit wenig zuträglich ist und für eine Vielzahl an Erkrankungen mitverantwortlich zeichnet.

Wir haben aus diesem Grund in diesem Buch, wenn wir Weichweizen verwendet haben, ausschließlich mit „Texinger Bergweizen" des österreichischen Demeter-Biobauernhofes Meierhof gebacken und diesen in der vollwertigen Form verwendet. Dieser Bergweizen ist eine regionale Weichweizensorte ohne Hybridisierung.

Vollwert

Wie der Name bereits zum Ausdruck bringt, ist ein vollwertiges Getreide mit wesentlich mehr gesunden und für unseren Körper brauchbaren Inhaltsstoffen ausgerüstet als das industriell verarbeitete Auszugsmehl.

Das volle Getreidekorn besteht aus dem wertvollen Keimling, dem Mehlkörper, der Aleuronschicht, einer Samenschale, einer Fruchtschale und der Kleie. Je nach Sorte sind in den verschiedenen Schichten unterschiedliche Inhaltsstoffe vorhanden. Hohe Mengen an Mineralstoffen, Vitaminen, essenziellen Aminosäuren, Enzymen und sekundären Pflanzeninhaltsstoffen sorgen für einen wertvollen und natürlichen Cocktail.

Süße Alternativen zum weißen Industriezucker

Um die Verwendung von weißem, raffiniertem Industriezucker zu meiden, hier einige Ideen, wie wir stattdessen wertvollere Süße in unser Leben und auf den Teller bringen können. Insgesamt sollten wir mit dem süßen Gut allerdings stets sparsam umgehen. Denn auch wenn Zuckerformen wie Vollrohrzucker, Honig, Sirupe oder Malz die gesündere Alternative zu weißem Industriezucker sind, bestimmt auch hier die Dosis, ob etwas gesund oder Gift für uns ist.

Agavendicksaft und Agavenzucker

Agavensaft, auch Agavendicksaft genannt, wird aus dem Saft von unterschiedlichen mexikanischen Agavenarten hergestellt. Dieser Saft wird gefiltert und erhitzt und es entsteht ein sirupartiger Süßstoff, der etwas dünnflüssiger als Honig ist.

Agavendicksaft enthält einen großen Anteil an Fruktose, also Fruchtzucker. Das macht ihn einerseits interessant, weil Fruchtzucker den Blutzuckerspiegel nur langsam ansteigen lässt. Andererseits werden bei hohem Konsum aufgrund des hohen Fruktosegehalts auch negative Auswirkungen diskutiert wie das Verursachen von Fruktoseunverträglichkeit oder andere Stoffwechselstörungen. Vor allem Menschen, die hier bereits Sensibilitäten aufweisen, sollten auf den Konsum von Agavendicksaft besser verzichten.

Agavenzucker ist auch in Pulverform erhältlich – er wird aus getrocknetem Agavensirup hergestellt. Er ist etwas süßer und ergiebiger als Haushaltszucker und kann im Verhältnis zu Haushaltszucker um ca. ein Viertel reduziert werden.

Vorsicht ist geboten bei konventioneller Ware, die nicht aus biologischer Landwirtschaft stammt. Hier werden häufig viele Pestizide eingesetzt und auch bei der Herstellung wird unsauber gearbeitet. Ziehen Sie daher Bio-Ware aus nachhaltiger Produktion konventionellen Produkten unbedingt vor!

Ahornsirup

Ahornsirup ist der eingedickte Saft des Zuckerahorns. Erfunden wurde er von den Indianern Nordamerikas. Der Saft und die Nährstoffe, die der Baum im Frühling von den Wurzeln in die Knospen transportiert, werden durch Anbohren des Baumstammes teilweise entnommen und im Anschluss durch Kochen eingedickt. Der Sirup erhält dadurch einen karamellartigen Geschmack. Die Hauptproduktionsgebiete liegen in Kanada, einige Sirupe kommen auch aus den USA.

Apfelsüße und Birnensüße

In Reformhäusern und Bioläden werden Apfelsüße und Birnensüße vertrieben. Das sind Extrakte aus entsafteten und getrockneten Äpfeln oder Birnen, die eine hohe Süßkraft aufweisen und sich ebenfalls gut als Zuckeralternative eignen.

Ayurvedischer Zucker

Ayurvedischer Zucker ist traditionell nach ayurvedischen Richtlinien hergestellter Rohrzucker. Er ist sehr mild und soll laut Ayurveda harmonisierend wirken. Die säurebildenden Bestandteile des Zuckerrohrs befinden sich insbesondere in den Knoten und Wurzelteilen der Pflanze. Durch die Reinigung und die darauf folgende langsame Rekristallisierung werden diese Bestandteile aus dem Zucker entfernt. Die Zuckerkristalle werden von der indischen Sonne getrocknet und reifen dabei. Anschließend wird der Kandiszucker in kleine Stücke zerschlagen und gemahlen.

Ayurvedischer Zucker wird nicht, wie weit verbreitet, mit Schwefelsäure gebleicht und behält damit eine leicht gräuliche Farbe und seinen fast neutralen pH-Wert.

Birkenzucker

Birkenzucker, auch Xylit genannt, ist ein Zuckeraustauschstoff. Birkenzucker wird insulinunabhängig verstoffwechselt und ist daher auch für Diabetikerinnen und Diabetiker empfehlenswert. Der Birkenzucker lässt den Blutzuckerspiegel deutlich weniger ansteigen als Haushaltszucker und beugt dadurch Heißhungerattacken vor. Er hat rund um die Hälfte weniger Kalorien und ist daher auch bei einer kalorienarmen Diät eine gute Alternative. Birkenzucker wird 1:1 wie Zucker verwendet – seine Süßkraft entspricht jener des Haushaltszuckers.

Dem Birkenzucker werden sogar eine antibakterielle Wirkung sowie die Stabilisierung des Säure-Basen-Haushalts nachgesagt. Da durch Birkenzucker die Entwicklung von Hefe- und Pilzbakterien gehemmt wird, ist er für Hefeteige nicht geeignet – der Birkenzucker entzieht der Hefe den Nährboden.

Info: Ein interessanter Nebenaspekt beim Verzehr von Birkenzucker ist auch ein angenehmer, leicht kühlender Effekt im Mund.

Zuckeraustauschstoffe – Zuckeralkohole

Birkenzucker gehört zu den sogenannten Zuckeraustauschstoffen oder Zuckeralkoholen. Zuckeraustauschstoffe sind süß schmeckende Kohlenhydrate, die allesamt den Blutzuckerspiegel nur gering beeinflussen und insulinunabhängig verstoffwechselt werden. Sie sind nicht kariesfördernd und werden in der Diabetikerernährung gerne zum Einsatz gebracht. Die Lebensmittelindustrie verwendet sie unter verschiedenen E-Nummern. Die Süßkraft ist ähnlich wie bei Haushaltszuckern, der Kaloriengehalt liegt jedoch deutlich darunter. Weitere Zuckeraustauschstoffe sind u. a. Mannit, Sorbit oder Erythrit. Diese sind auf dem Markt unter den unterschiedlichen Markennamen wie z. B. Sukrin erhältlich.

Zuckeraustauschstoffe werden aus Früchten und verschiedenen Gemüsesorten gewonnen. Weil sie im Darm nur langsam aufgenommen werden und daher Wasser bilden, können sie leicht abführend wirken. Mehr als 20 bis 30 g pro Tag sind daher nicht empfohlen. Nachdem wir aber die süßen Speisen ohnedies nicht in rauen Mengen empfehlen, sollte es kein Problem sein, diese Mengen nicht zu überschreiten.

Honig

Honig ist das älteste Süßungsmittel der Menschheitsgeschichte. Man vermutet, dass das Kultivieren von Hausbienen bereits rund 7000 v. Chr. in Anatolien seinen Ursprung hat.

Honig wird aus dem Nektar von Blüten oder zuckerhaltigen Ausscheidungsprodukten verschiedener Insekten gewonnen – dem sogenannten Honigtau.

Honig hat einen hohen Anteil an Frucht- und Traubenzucker sowie eine Reihe an Enzymen, Vitaminen, Pollen, Aromastoffen, Aminosäuren und Mineralstoffen. Seine vielseitige und wertvolle Zusammensetzung macht ihn zu einem der gesündesten Lebensmittel.

Beim Erhitzen über 40 °C gehen allerdings viele Enzyme verloren, es werden sogar gesundheitsschädliche Effekte vermutet. Die Verwendung beim Backen und Kochen wird damit infrage gestellt. Wer sichergehen will, verwendet also Honig nur in erkalteten Süßigkeiten und als Sirup zum nachträglichen Süßen.

Kokosblütenzucker

Kokoszucker oder Kokosblütenzucker wird aus den Blüten der Kokospalme gewonnen und ist eine wertvolle Alternative zu Zucker.

Eine ernährungsphysiologische Besonderheit des Kokoszuckers ist sein niedriger glykämischer Index. Das bedeutet, dass bei seinem Konsum der Blutzuckerspiegel nur langsam und gleichmäßig ansteigt. Dies macht ihn auch für Diabetikerinnen und Diabetiker und für jene Menschen, die an einem zu hohen Blutzuckerspiegel leiden, zu einem wertvollen Süßungsmittel. Das Sättigungsgefühl hält länger an, Heißhungerattacken werden gemildert. Daher ist er auch für Menschen, die auf ihr Gewicht achten sollen oder wollen, eine willkommene Alternative.

Zudem ist Kokosblütenzucker reich an Mineralstoffen und Spurenelementen. Er beinhaltet u. a. Magnesium, Eisen, Kalium, Bor, Schwefel und Zink. Auch die Vitamine B_1, B_2, B_3, B_6 und C sind im Kokoszucker enthalten.

Beim Kochen und Backen können Sie Kokoszucker im gleichen Verhältnis wie braunen Zucker verwenden. Kokoszucker schmeckt nicht nach Kokos. Er hat eine milde, karamellartige Note und süßt so auf kulinarisch bereichernde Art Kuchen, Cookies, Torten oder andere Süßspeisen.

Achten Sie beim Kauf von Kokoszucker unbedingt auf Bio-Ware und Nachhaltigkeit – viele konventionelle Kokosplantagen werden auf abgeholzten Regenwäldern kultiviert und sind damit für ökologisch verantwortungsvolle Konsumentinnen und Konsumenten nicht empfehlenswert. Worauf Sie ebenfalls achten sollten, ist, dass Sie reinen Kokoszucker erstehen. Manche Produkte sind mit herkömmlichen Zuckerarten gemischt und weisen dadurch natürlich nicht die gleichen ernährungsphysiologischen Eigenschaften auf.

Malz

Malz wird aus Getreide gewonnen, indem dieses auf kontrollierte Art gekeimt wird. Durch enzymatische Vorgänge entstehen süße und karamellartige Geschmäcker, die uns in der süßen

Küche gute Dienste erweisen können. Das gekeimte Getreide, das vorrangig für die Bierproduktion verwendet wird, wird auch zu Sirupen verarbeitet und als alternatives Süßungsmittel in Reformhäusern und Bioläden angeboten. Unter anderem sind Gerstenmalz, Maismalz und Reismalz im Handel erhältlich.

In der Traditionellen Chinesischen Ernährungslehre wird Malz gerne als gesundes Süßungsmittel empfohlen, um das Element Erde und damit die Organe Milz und Magen zu stärken.

Melasse

Bei der Herstellung von raffiniertem Zucker entsteht als „Nebenprodukt" Melasse. Diese enthält u. a. jene wertvollen Vitamine und Mineralien, die der Pflanze entzogen werden, damit reiner Zucker übrig bleibt. Melasse ist ein dunkelbrauner, honigähnlicher Sirup, der zum Süßen gut geeignet ist. Der lakritzartige Geschmack bringt zudem interessante kulinarische Nuancen in die süße Küche.

Reissirup

Reissirup ist eines der ältesten Süßungsmittel. Er wird aus gemahlenem Reis, der gekocht und im Anschluss fermentiert wird, hergestellt. Dadurch wird die Reisstärke in Zucker umgewandelt. Reissirup enthält langkettige Zuckerarten, sogenannte Oligosaccharide. Diese Mehrfachzucker sind mit 21 Prozent im Reissirup enthalten und werden erst vom Organismus in Einfachzucker umgewandelt. Daher ist die Zuckeraufnahme ins Blut verzögert. Er wird aus diesem Grund auch für Diabetikerinnen und Diabetiker empfohlen. Reissirup ist auch für Menschen mit Fruktoseintoleranz und Glutenunverträglichkeit gut geeignet.

Auch wertvolle Mineralstoffe wie Eisen, Kalium und Magnesium sind im Reissirup enthalten. Der dezente Eigengeschmack kann als mild, süß, nussig und leicht karamellig beschrieben werden. In der gesunden süßen Küche kann er einen wertvollen kulinarischen Beitrag leisten.

Rübensüße

Ähnlich wie Melasse entsteht bei der Herstellung von weißem Rübenzucker ein Sirup, der viele Nährstoffe beinhaltet, die dem weißen Industriezucker entzogen werden. Dieser dickflüssige Sirup eignet sich auch hervorragend als Zuckeralternative für Ihre Süßspeisen.

Trockenfrüchte

Eine Variante, um natürliche Süße in unsere Backwaren zu bekommen, ohne weißen Zucker verwenden zu müssen, ist, diese in Form von Trockenfrüchten bzw. Dörrfrüchten zu süßen. Trocknen oder Dörren ist eine der ältesten Methoden, um Obst und Gemüse haltbar zu machen. Da durch den Trocknungsvorgang die Früchte rund 80 Prozent ihres enthaltenen Wassers verlieren, steigt der enthaltene Fruchtzuckeranteil auf das vorhandene Gewicht an und die Früchte werden sehr süß. Der Fruchtzucker aus Trockenobst geht allerdings nicht so rasch ins Blut wie Zucker. In den Trockenfrüchten stecken zudem viele Vitamine und Mineralstoffe.

Als Trockenobst und für den Einsatz in der süßen Küche gut geeignet sind u. a. Äpfel, Birnen, Zwetschken (Pflaumen), Marillen (Aprikosen), Weintrauben (Rosinen, Sultaninen ...), Goji-Beeren, Maulbeeren, Cranberrys, Berberitzen, Feigen, Datteln, Mangos, Papayas, Kokosnüsse, Ananas und Bananen.

Eine Variante, um geschmacklich das Trockenobst für das Backen aufzubereiten, ist das vorherige Einlegen in aromatische Fruchtsäfte, Schnäpse oder Liköre.

Vollrohrzucker

Vollrohrzucker ist ein unraffinierter Zucker und wird aus dem Saft des Zuckerrohrs gewonnen. Die Zuckerrohrpflanze, die in tropischen Ländern der Karibik, Südamerikas und in Asien kultiviert wird, ist reich an wertvollen Inhaltsstoffen, Vitaminen, Mineralien und Energie. Je weniger der Zucker geklärt wird, umso mehr dieser Inhaltsstoffe bleiben enthalten.

Die einzelnen Hersteller haben eigene Namen für ihre Vollrohrzucker kreiert: So sind diese in Naturkostläden und auch in manchen Supermärkten unter verschiedenen Namen wie „UrSüße“, „Rapadura“ oder „Mascobadozucker“ erhältlich.

Achten Sie beim Einkauf von „braunem Zucker“ darauf, nicht billigen, nur mit Melasse eingefärbten Weißzucker zu erstehen. Lesen Sie die Packungsangaben genau und überprüfen Sie, ob auch wirklich das vollwertige Produkt in Ihrem Einkaufswagen landet.

Vollrübenzucker

Vollrübenzucker ist das Äquivalent zum Vollrohrzucker, nur wird er aus der Frucht der Zuckerrübe gewonnen. Was die Regionalität betrifft, hat Vollrübenzucker den Vorteil, dass wir ihn nicht über Tausende Kilometer transportieren müssen. Geschmacklich unterscheiden sich Vollrohr- und Vollrübenzucker allerdings durchaus und dem Rohrzucker wird aus dieser Perspektive gerne der Vorzug gegeben.

Glücklichmacher Schokolade

Nicht wegzudenken in der süßen Küche ist die allseits beliebte Schokolade.

Für die Herstellung von Schokolade wird die Kakaobohne in Kakaomasse und Kakaobutter, den fetten Anteil der Frucht, getrennt. Je nach Schokoladenart werden diese Anteile gemeinsam mit Zucker und gegebenenfalls mit Milchprodukten wieder weiterverarbeitet.

In welcher Qualität und welche Produkte dabei verarbeitet werden, trägt viel dazu bei, wie die wertvollen Grundprodukte sich letztlich auf unsere Gesundheit auswirken.

Schwarz, weiß oder braun?

Bitterschokolade enthält einen hohen Anteil an Kakaomasse, Kakaobutter, Zucker und keine Milchprodukte. Sie kann daher von laktoseintoleranten Menschen ohne Probleme verzehrt werden.

Zudem enthält sie den größten Anteil jener Stoffe, die an der Schokolade besonders gesund sind. Vor allem die in der Kakaobohne enthaltenen Flavanole sollen dafür verantwortlich sein, dass sich der mäßige Konsum von Bitterschokolade positiv auf Blutdruck und Herz auswirken soll. Zudem enthält Bitterschokolade meist weniger Zucker und ist somit auch einer schlanken Linie besser zuträglich als Milchschokolade oder weiße Schokolade.

Milchschokolade enthält Milchpulver, Kakaobutter und vergleichsweise wenig Kakaomasse. Der gesundheitliche Benefit wird dadurch enorm dezimiert. Die Kombination mit einem hohen Zuckeranteil lässt Milchschokolade zudem wesentlich schlechter aussteigen, was die Gesundheitsbilanz betrifft.

Weiße Schokolade enthält Kakaobutter, Milchpulver und Zucker.

Superfood Kakaobohne

Die Kakaobohne ist ein wahrer Wundercocktail der Natur und war bereits 1500 v. Chr. in Mexiko als wertvolles Gut bekannt, deren Genuss nur hochrangigen Persönlichkeiten wie Priestern und Kriegern gestattet war. Kakao enthält u. a. Theobromin, das chemisch dem Koffein ähnelt und auf den Organismus eine anregende und stimmungsaufhellende Wirkung ausübt. Die Glücklichmachersubstanzen Anandamid und Phenylethylamin wirken auf jene Areale im Gehirn, die auch für Lust und Glücksempfindungen zuständig sind. Die Serotoninvorstufe Tryptophan wird mit der antidepressiven Wirkung von Schokolade in Zusammenhang gebracht. Sogar die Wundheilung und die Zellerneuerung können mit Kakao positiv unterstützt werden. Die enthaltenen Polyphenole wirken u. a. entzündungshemmend. Antioxidantien fangen freie Radikale ein und wirken daher verjüngend. Auch mit Vitaminen, Spurenelementen und Mineralstoffen kann die rohe Kakaobohne aufwarten!

Schokolade oder Kuvertüre?

Im Handel wird zwischen Schokolade und Kuvertüre unterschieden. Kuvertüre ist eine hochwertige Schokolade, die je nach Art aus den Komponenten Kakaobutter und Kakaomasse, Milch und Zucker besteht. In „Schokolade" dürfen auch andere Fette enthalten sein. Achten Sie beim Einkauf von Schokolade oder Kuvertüre darauf, dass diese mit Vollrohrzucker hergestellt wurde, damit Ihre alternativen Backwerke nicht über versteckten Weißzucker wieder zur minderwertigeren Qualität verkommen. In Bioläden und Reformhäusern werden meist auch vollwertige Schokoladen und Kuvertüren angeboten. Wenn in den Rezepten Schokolade angegeben ist, können Sie diese durchaus mit Kuvertüre ersetzen und umgekehrt.

Soziale Aspekte

Damit unser süßer Genuss nicht auf der anderen Seite der Welt einen bitteren Nachgeschmack hinterlässt, wollen wir uns an dieser Stelle auch mit den Themen Nachhaltigkeit, soziale Gerechtigkeit und Kinderarbeit auseinandersetzen. Gerade die Schokoladenindustrie ist leider immer noch im großen Stil an menschenverachtenden und ausbeutenden Systemen beteiligt, die Kakaobauern und Kindern in jenen Teilen der Erde, wo die wertvolle Frucht gedeiht, ein armseliges Dasein beschert. Ungerechte Löhne, viel zu niedrige Kilopreise, Kindersklavenarbeit, ökologische Missstände und vieles mehr sorgen seit Langem dafür, dass NGOs und sozial denkende Menschen dazu aufrufen, beim Schokoladenkonsum auf fair gehandelte und nachhaltige Produktion zu achten. Auch wir empfehlen, dass Sie die Herkunft Ihrer Schokolade etwas genauer unter die Lupe nehmen und darauf achten, dass Ihr persönlicher Genuss nicht gleichzeitig Elend und Ausbeutung erzeugt.

Die Sensibilität für diese Themen ist glücklicherweise in den letzten Jahren enorm gestiegen und in der Zwischenzeit wächst auch der Markt an sozial verträglichen Betrieben und Produkten. Aber nehmen Sie sich dennoch in Acht vor romantischen Werbekampagnen so mancher Großkonzerne und glauben Sie nicht blind deren Versprechungen. Kleinere Unternehmen, die direkt mit Kooperativen zusammenarbeiten, bieten auf diesem Sektor mitunter mehr soziales Gewissen. Fair gehandelte Bio-Ware ist zwar auch nicht immer und in letzter Konsequenz eine Garantie, alle Ungerechtigkeiten auszuschließen. Die Wahrscheinlichkeit, dass soziale Standards eingehalten und kontrolliert werden, steigt jedoch enorm, wenn Sie sich für solche Produkte entscheiden.

Samen, Nüsse und Gewürze – die wahren Backkraftwerke

Wer sich die gesunderhaltenden Eigenschaften von Lebensmitteln zunutze machen möchte, der sollte auf den Konsum von Samen und Nüssen nicht verzichten. Wie bei vielem, was uns guttut, bestimmt auch hier die Dosis die „Medizin". Nüsse sind enorm gehaltvoll und kalorienreich und reich an Fett. Daher sollten diese auch nicht in Unmaßen, sondern regelmäßig und in kleineren Mengen verzehrt werden. Sie eignen sich als gesunder Snack zwischendurch, als schmackhafte Zutat für köstliche Salate oder gerieben als gehaltvolle Bindemöglichkeit von Saucen und Suppen – und natürlich als Zutat in Ihren Süßspeisen, vollwertigen Torten und Kuchen. Auch als Bröselersatz können Nüsse und Samen vor allem in der süßen Küche einen wertvollen kulinarischen Beitrag leisten.

Cashewkerne

Cashewkerne sind die Früchte des sogenannten Kaschubaumes oder auch Nierenbaum genannt. Er wächst in tropischen Gefilden und seine Kerne oder Nüsse liefern wertvolle und gesundheitsfördernde Inhaltsstoffe wie Magnesium, Eisen, Kupfer, Niacin, Folsäure oder Selen. Zudem sind Cashewkerne ein bemerkenswerter Lieferant von Tryptophan, einem wesentlichen Stoff, der zur Produktion von Serotonin nötig ist, das gemeinsam mit Vitamin B_6 gegen Depressionen helfen kann.

Chiasamen

Die kleinen Samen aus Amerika werden häufig als „Superfood" bezeichnet und man sagt ihnen diverse Heilkräfte nach. Schon vor Jahrtausenden wurden die Samen der Chiapflanze, einer Salbeiart (Salvia Hispanica), von den Ureinwohnern als prote-

inreiches Grundnahrungsmittel für Krieger und Boten verwendet, die viel Kraft und Ausdauer benötigten.

Chiasamen enthalten im Schnitt doppelt so viel Eiweiß wie andere Samen oder Getreidesorten und verfügen über ein optimales Verhältnis von Omega-3- zu Omega-6-Fettsäuren, sie enthalten 5-mal so viel Kalzium wie Milch, doppelt so viel Kalium wie Bananen und 3-mal mehr Eisen als Spinat.

Die Samen quellen durch die Zugabe von Wasser geleeartig auf und stellen lang anhaltende Energie bereit. Sie sollen die Verdauung unterstützen, den Körper entgiften und den Blutzuckerspiegel senken.

Haselnüsse

Haselnüsse sind die Früchte des Haselnussstrauches, der zur Familie der Birkengewächse zählt. Haselnüsse werden bereits seit Jahrtausenden von Mensch und Tier gerne verzehrt. Wie viele andere Nüsse und Samen kann die Haselnuss ebenfalls mit wertvollen Fettsäuren, hohem Eiweißgehalt, Vitamin B_1, Vitamin E, reichlich Kalium und Kalzium für eine positive Nährstoffbilanz und einen wichtigen Beitrag für eine ausgewogene Ernährung sorgen.

Mandeln

Mandeln sind aus der süßen Küche nicht wegzudenken. Nicht nur ihr vorzügliches Aroma macht sie zu einer beliebten Zutat. Auch aus ernährungsphysiologischer Sicht sind Mandeln eine Bereicherung für unsere Gesunderhaltung. Laut modernen Studien schützen sie vor Diabetes, Herz-Kreislauf-Erkrankungen, wirken cholesterinregulierend und stärken unsere Knochen.

Wertvolle Mineralstoffe wie Magnesium, Kalzium und Kupfer sind in Mandeln enthalten. Zudem liefern sie ausreichend ungesättigte Fettsäuren sowie große Mengen an Vitamin B und E.

Eine wissenschaftliche Versuchsreihe bestätigte zudem die Vermutung, dass eine mandelreiche Diät Bluthochdruck und Übergewicht entgegenwirken kann.

In der Traditionellen Chinesischen Medizin werden Mandeln auch gerne eingesetzt, um die Lunge zu stärken.

Mandeln wirken im Organismus zudem basisch – im Gegenteil zu anderen Nüssen wie Haselnüssen oder Walnüssen. Sie können somit eine basenreiche Kost schmackhaft unterstützen. Neben geriebenen und gehackten Mandeln sowie Mandelblättchen sind für die süße Küche auch Mandelmuse und Mandelpürees interessant.

Mohn

Mohn wird im deutschsprachigen Raum u. a. im österreichischen Waldviertel kultiviert. Dort geht der Mohnanbau bis ins 13. Jahrhundert zurück. Mönche brachten das „graue Gold" aus dem Mittelmeerraum und kultivierten es u. a. zu Heilzwecken. Aber die medizinische Verwendung von Mohn geht noch viel weiter zurück: Bereits die Sumerer beschreiben die Anwendung von Opium, das aus dem Milchsaft des Schlafmohns gewonnen wird. Auch heute gilt Schlafmohn als wichtiger Schmerzmittellieferant.

Mohn wurde aber auch schon in grauer Vorzeit als Aphrodisiakum und Mittel zur Steigerung der Fruchtbarkeit verwendet und angepriesen. Moderne Studien bestätigen durchaus so manche dieser überlieferten Zuordnungen wie eine durchblutungsfördernde, nervenstimulierende und hormonausschüttende Wirkung.

Mohn wird je nach Farbe der Samen in drei Sorten eingeteilt: Der Blaumohn hat ein herbes, intensives Aroma und eignet sich besonders gut für pikante Mohnspeisen. Die Samen des Graumohns sind sehr zart und mild und werden daher gerne für süße Mehlspeisen verwendet. Weißmohn ist eine seltene Sorte mit einem nussigen Geschmack, der sich vor allem in Desserts und süßen Zubereitungen sehr gut macht.

Mohn enthält rund 42 Prozent Fett. Er enthält wertvolle Inhaltsstoffe wie die Aminosäuren Leucin und Lysin. In Kombination mit Getreide und Kartoffeln ist er daher besonders gut geeignet, weil sich dadurch die biologische Wertigkeit des vorhandenen Eiweißes erhöht. Die aromatischen Samen enthalten reichlich Mineralstoffe, wie Eisen, das uns beim Sauerstofftransport des Blutes hilft, sowie Kalzium, das u. a. unsere Knochen stärkt und andere Stoffwechselvorgänge unterstützt. Auch Phosphor, Kalium und Magnesium sind im Mohn enthalten.

Pinienkerne

Pinienkerne, die auch unter den Namen Pignoli oder Pignole bekannt sind, sind die Samen der im gesamten Mittelmeerraum wachsenden Pinien, die auch Mittelmeerkiefern genannt werden. Die delikaten Kerne wachsen in den Pinienzapfen heran und haben ein außerordentlich schmackhaftes Aroma. Auch ihre Inhaltsstoffe können sich sehen lassen. Nicht umsonst zählen sie mittlerweile zu den sogenannten „Superfoods", da sie eine enorm wertvolle Nährstoffdichte aufweisen können.

Beim Einkauf von Pinienkernen empfiehlt es sich, auf deren Herkunft zu achten: Europäische Pinienkerne sind relativ teuer. Doch in den letzten Jahren kommen billigere Sorten aus der Korea-Kiefer aus Ländern wie China, Pakistan und Korea auf

den heimischen Markt. Die asiatischen Pinienkerne sind an ihrer eher dreieckigen Form und ihrer dunklen Spitze erkennbar. Nicht nur aus ökologischer Sicht sollten Sie im Zweifelsfall zu europäischer Ware greifen: Die asiatischen Pinienkerne schmecken im Vergleich zu den südeuropäischen Kernen weniger aromatisch und enthalten um einiges mehr an Fett. Zudem wurde in den vergangenen Jahren immer wieder von Geschmacksstörungen berichtet, bei denen Konsumenten nach dem Verzehr von asiatischen Pinienkernen oft wochenlang über einen metallischen und bitteren Geschmack geklagt haben.

Sesam

Sesam gedeiht in sämtlichen tropischen und subtropischen Regionen der Erde und kommt ursprünglich aus Afrika und Indien. Er zählt zu einer der ältesten Ölpflanzen der Welt. Seine Samen können schwarz, braun oder in geschälter Form auch cremefarben oder weiß sein und zeichnen sich durch einen süßlichen, nussigen Geschmack aus. In der Traditionellen Chinesischen Medizin wird vor allem auch der schwarze Sesam gerne zum Einsatz gebracht, um die Nieren- und Leberenergie zu stärken.

Auch aus westlicher Sicht hat Sesam viel zu bieten: Folsäure sorgt für ausgeglichene Stimmung, Dimethylglycine regen den Geist an und lindern Kopfschmerzen, Vitamin B_3 nährt unsere Nerven, Vitamin E sorgt für Fruchtbarkeit und bindet freie Radikale und ein hoher Kalziumgehalt wirkt sich positiv auf Zähne und Knochen aus.

Auch das aromatische Sesamöl kann in der süßen Küche für interessante kulinarische Nuancen sorgen und bereichert geschmacklich wie gesundheitlich.

Walnüsse

Walnüsse sind wahre Nährstoffbomben und beinhalten einen enorm hohen Gehalt an Omega-3-Fettsäuren, die u. a. unserem Herz sehr zuträglich sind oder aber auch als Antidepressivum wirksam sein können. Zudem beinhaltet die Nuss Vitamin A, B_1, B_2, B_3, C, E, Zink, Kalium, Magnesium, Phosphor, Eisen, Schwefel und Serotonin, einen Neurotransmitter, der u. a. auch den Appetit zügeln kann. Dieser wunderbare Cocktail kann unserer Gesundheit in vielerlei Hinsicht also einen guten Dienst erweisen. Nicht umsonst sieht sie unserem Gehirn verblüffend ähnlich. Auch aus Sicht der Traditionellen Chinesischen Medizin stärkt die Walnuss u. a. die Nierenenergie, die Knochen und das Gehirn.

Tipp: Bei der Lagerung von Nüssen, Kernen und Samen sollten Sie berücksichtigen, dass diese aufgrund des hohen Fettgehalts leicht ranzig werden. Verschließen Sie Nüsse und Samen daher luftdicht und lagern Sie diese an einem kühlen, dunklen Ort.

Kräuter und Gewürze in der Weihnachtsbackstube

Wer aus seinen Süßspeisen und Backwerken nicht nur reine Zuckerbomben, sondern aromatische und gesunde Leckerbissen machen möchte, dem sei der Einsatz von reichlich Kräutern und Gewürzen ans Herz gelegt. Der Einsatz von intensiv duftenden und schmeckenden Aromen bereichert Gaumen und Gesundheit gleichermaßen.

Folgende Gewürze eignen sich besonders für weihnachtliche Bäckereien und Süßspeisen:

Anissamen

Auch der Anis gehört zu den Doldenblütlern. Er wird ebenfalls seit Jahrhunderten wegen seiner aromatischen und heilenden Eigenschaften in vielen Ländern der Erde hochgeschätzt. Verschiedene Harze und ebenso Anethol stellen die wesentlichen Wirkstoffe im Anis dar. Anis ist verdauungsfördernd, appetitanregend und blähungstreibend und übt eine antiseptische Wirkung auf den Verdauungstrakt aus. Er ist krampflösend bei Magenschmerzen und kann bei Nervosität und Schlafschwierigkeiten helfen. Die Volksheilkunde spricht zudem von einer milchtreibenden Wirkung sowie von hilfreichen Eigenschaften bei Menstruationsproblemen.

Als Brotgewürz sorgt er für eine aromatische Süße und lindert die blähende Eigenschaft von frisch gebackenem Brot. In der Likörherstellung hat er seit jeher einen fixen Platz. Anishaltige Getränke wie Ouzo, Pernod, Pastis oder Absinth sind aus diesem Grund auch als verdauungsfördernde Aperitifs oder Digestifs allerorts beliebt.

Auch in der gesunden süßen Küche sollte Anis unbedingt zum Einsatz kommen!

Fenchelsamen

Fenchelsamen sind ein aromatisches Gewürz, das in der pikanten Küche und beim Brotbacken gerne zum Einsatz kommt. Aber auch in wärmenden Kuchen und Weihnachtsplätzchen können die aromatischen, süßlich schmeckenden Samen eine wertvolle Zutat sein.

Fenchel gehört zu den Doldenblütlern und wird als Gemüse-, Gewürz- und Heilpflanze weltweit gerne zum Einsatz gebracht.

Die Äbtissin Hildegard von Bingen hat den Fenchel bereits im 12. Jahrhundert als Lebensmittel gelobt, das Menschen fröhlich macht, wärmt und eine gute Verdauung verursacht. Fenchel wirkt blähungstreibend, krampflösend, verdauungsfördernd, harntreibend und leicht antiseptisch. Im Ayurveda und in der Traditionellen Chinesischen Medizin wird er ebenfalls als thermisch warm eingestuft und bei Kältesymptomen zum Einsatz gebracht. Bauchschmerzen, Spannungsgefühle im Unterbauch, Aufstoßen und Erbrechen sowie verminderter Appetit werden hier mit Fenchel behandelt. Der typische Geschmack ist dem reichlich enthaltenen ätherischen Öl Anethol zu verdanken. Fenchel ist ein hervorragendes Mittel gegen schlechten Atem. In Indien werden Fenchelsamen nach dem Essen gerne als „Munderfrischer“ gekaut.

Galgant

Galgant zählte bereits zu den Lieblingsgewürzen der heiligen Hildegard von Bingen im 12. Jahrhundert. Er stammt aus Asien und zählt zur Familie der Ingwergewächse. Laut Hildegard-Medizin verbessert er die Durchblutung von Herz und Kreislauf, hilft bei Appetitlosigkeit und Blähungen und fördert die Verdauung. Vor allem bei Herzproblemen, Herzschwäche und Schwindel werden ihm sehr gute Eigenschaften nachgesagt. Bei Kreislaufproblemen, Durchblutungsstörungen, Müdigkeit, Erschöpfung und Reiseübelkeit kann er ebenso gute Dienste erweisen. Galgant gilt zudem als entzündungshemmend und als gutes Mittel gegen Bakterien, Pilze und Viren im Darm. Auch Rheuma und Ischiasschmerzen werden mit Galgant behandelt. Die wirksamen Substanzen stecken vor allem in den ätherischen Ölen mit Gingerolen, Galangol, Flavonoiden und Gerbstoff.

Galgant erinnert, was seinen Duft betrifft, an süßen Senf und Ingwer. Geschmacklich hat er eine pikante Schärfe und einen fein-herben Ton. Er passt kulinarisch gut zu pikanten und süßen Speisen. Er ist Bestandteil von vielen asiatischen Gewürzmischungen und wird auch gerne für die Herstellung von Kräuterlikören verwendet.

Gewürznelken (Nelken)

Gewürznelken gehören zu den Myrtengewächsen. Der Gewürznelkenbaum ist eine auf den Molukken, einer indonesischen Inselgruppe beheimatete Pflanze. Die getrockneten Blütenknospen haben einen intensiv riechenden, scharfen Geschmack und dürfen in der süßen Küche nicht fehlen. Vor allem der hohe Gehalt an den enthaltenen ätherischen Ölen ist es, der Gewürznelken zu so einer besonderen Zutat in der süßen Küche macht. Aufgrund der Intensität ist stets auf die Dosis zu achten, damit das köstliche Aroma nicht zu intensiv wird. Nelken können ganz in Bratäpfeln, Fruchtpürees, Kompotten und Cremen mitgekocht oder in Form von gemahlenen Nelken beim Backen zum Einsatz gebracht werden. Da Nelken so wie Zimt wärmende Eigenschaften haben, dürfen sie vor allem in der Weihnachtszeit nicht fehlen.

Neben den aromatischen ätherischen Ölen haben Gewürznelken einen hohen Gehalt an Antioxidantien und können daher auch gesundheitlich punkten.

Tipp: Eine gute Qualität ist daran erkennbar, dass sich die Nelken fettig anfühlen und sogar etwas Öl absondern, wenn man sie mit dem Fingernagel eindrückt.

Grüner Kardamom

Grüner Kardamom gehört zu den Ingwergewächsen und ist ein beliebtes Gewürz in der indischen und orientalischen Küche. Verwendet werden die Samen, die aus den getrockneten Kapselfrüchten erst herausgelöst werden müssen. Um ein intensives Aroma zu erlangen, empfiehlt es sich, ganzen Kardamom selbst im Mörser oder in der Gewürzmühle frisch zu zerkleinern, anstatt fertig gemahlenen Kardamom zu verwenden. Dem süßlich-scharfen Gewürz wird in arabischen Ländern eine aphrodisierende Wirkung nachgesagt. In der Traditionellen Chinesischen Medizin wird Kardamom gerne verwendet, um Feuchtigkeit zu transformieren und Verschleimungen entgegenzuwirken. Gerade in süßen Backwaren, die immer auch den Körper befeuchten, stellt dieses Gewürz aus TCM-Sicht daher eine ausgleichende Ergänzung dar. Das ätherische Öl des Kardamoms hat zudem eine wohltuende Wirkung auf Speichel-, Magen- und Gallensaftsekretion und wird in der Naturheilkunde daher auch gerne bei Verdauungsproblemen zum Einsatz gebracht.

Ingwer

Ein aromatisches Würzmittel und eine der wichtigsten Heilpflanzen im asiatischen Raum ist der Ingwer. In der Traditionellen Chinesischen Medizin hat er ebenso wie im indischen Ayurveda seit jeher einen Ehrenplatz. In China gilt landläufig sogar, dass jede Mahlzeit Ingwer enthalten sollte. Ingwer kann eine Vielzahl therapeutisch hochwirksamer Stoffe aufweisen, die mittlerweile auch von vielen westlichen Studien bestätigt wurden. So konnten Forschungen den erfolgreichen Einsatz bei Übelkeit und Erbrechen, u. a. bei Reisekrankheit, Schwangerschaft, nach Operationen sowie im Zuge einer Chemotherapie belegen. Die Traditionelle Chinesische Medizin setzt Ingwer zudem auch bei vermindertem Appetit, beginnenden Erkältungen, Kälte, Schüttelfrost und Fieber, Kopfschmerzen, Husten, Keuchatmung sowie bei Erbrechen und Durchfall nach dem Verzehr von verdorbenem Fisch und Meeresfrüchten ein.

Ingwer enthält Zingiberen, Zingiberol, ätherische Öle und Gingerol, das u. a. für den charakteristischen und scharfen Geschmack sowie die beruhigende Wirkung auf den Verdauungstrakt verantwortlich ist. Ingwer regt die Peristaltik an und wirkt Verstopfung entgegen.

Zudem regt er auch den Gallenfluss an, hilft bei der Fettverdauung, ist entzündungshemmend und verfügt über blähungswidrige Eigenschaften. Im alten Griechenland wurde Ingwer nach üppigen Mahlzeiten verzehrt, um der Verdauung auf die Sprünge zu helfen. Er ist in getrockneter und in frischer Form gut beim alternativen Backen einsetzbar.

Koriandersamen

Beim Backen verwenden wir vorrangig getrocknete Koriandersamen. Das sehr charakteristische und eigenwillig schmeckende grüne Kraut des Korianders wird vor allem in der asiatischen Küche gerne für pikante Gerichte verwendet. Die Samen, die einen gänzlich anderen Geschmack als das Kraut aufweisen, sind süßlich, aromatisch und unserer Verdauung sehr zuträglich. Gegen Entzündungskrankheiten können sie ebenso sehr hilfreich sein.

Muskatnuss und Muskatblüte

Muskatnüsse sollten Sie unbedingt frisch reiben, da ihr Aroma leicht flüchtig ist. Für Ihre Backwaren interessant ist auch die getrocknete Muskatblüte, auch Macis genannt, die ein noch intensiveres und feineres Aroma aufweist, da in der Samenhülle der Anteil an ätherischen Ölen um einiges höher ist als in der Nuss selbst. Mit Muskat oder Muskatblüte können Sie eine schmackhafte und exotische Note in Ihre Süßspeisen bringen. In der ganzheitlichen Heilkunde wird Muskat gerne gegen Blähungen und als Magenstärkung zum Einsatz gebracht.

Info: Bei der Dosierung von Muskat heißt es jedoch stets sehr sparsam zu sein, da das Aroma sehr intensiv ist. In größeren Dosen von mehr als 5 bis 10 Gramm wirkt Muskat sogar als Rauschmittel und verursacht Halluzinationen, Schwindelanfälle und Krämpfe. Daher sollten Sie Muskat stets unzugänglich für Ihre Kinder aufbewahren – eine Muskatnuss kann für ein Kleinkind tödlich sein!

Piment

Piment oder auch Nelkenpfeffer, Jamaikapfeffer oder Neugewürz genannt, gehört zu den Myrtengewächsen. Als Gewürz werden die getrockneten, unreifen Früchte verwendet, die einen scharfen und aromatisch süßlichen Geschmack aufweisen. Das Hauptanbaugebiet ist die Karibikinsel Jamaika. Piment enthält ätherische Öle, v. a. Eugenol. Dem exotischen Gewürz werden appetitanregende und magenfreundliche Eigenschaften nachgesagt. In unseren Breiten kennen wir Piment vor allem aus dem klassischen Lebkuchengewürz, in Likören und in so mancher Weihnachtsbäckerei.

Salz

Eine Prise Salz kommt häufig in Kuchen und Torten, um als Geschmacksträger und natürlicher Geschmacksverstärker zu dienen. Es harmonisiert die Geschmäcker und macht den Gesamtgeschmack „runder". Achten Sie darauf, dass es wirklich bei der Prise bleibt!

Sternanis

Sternanis stammt aus tropischen Gebieten und ist botanisch nicht mit dem Gewürzanis verwandt, den wir in Europa kennen. Er erinnert aber geschmacklich an das Aroma von Gewürzanis und hat eine ähnliche Wirkung wie heimischer Anis. Die optisch attraktive Gewürzkapsel enthält wie Anis eine beachtliche Menge an Anethol und hat ebenso eine positive Wirkung auf unsere Verdauung. Laut Traditioneller Chinesischer Medizin wärmt Sternanis Nieren, Milz und Magen und wird bei Appetitlosigkeit, Blähungen, Völlegefühl nach dem Essen und bei Brechreiz gerne zum Einsatz gebracht. Die wunderschönen Sterne sind auch als Dekoration für Ihre Süßspeisen eine Augenweide. Aufgrund seiner wärmenden Wirkung ist Sternanis vor allem in der Weihnachtszeit ein gerne verwendetes Gewürz.

Vanille

Die Vanille wird auch als „Königin der Gewürze" bezeichnet, was angesichts des feinen, betörenden und süßen Duftes, den die fermentierte Kapsel verströmt, nicht verwundert. Die als Gewürz zum Einsatz kommende Pflanzenkapsel wird meist als Vanilleschote bezeichnet. Rund 15 unterschiedliche Vanillearten liefern die begehrten aromatischen Kapseln. Diese kommen aus tropischen Ländern wie aus Mexiko, Madagaskar, dem Südpazifik und der Karibik zu uns. Am bekanntesten ist die sogenannte Bourbon-Vanille, die aus Réunion, der ehemaligen Ile Bourbon, stammt. Auf unseren Organismus hat das Aroma der Vanille eine nervenberuhigende und entspannende Wirkung. Die Indianer Mexikos verwendeten sie bereits vor Jahrhunderten zur Stärkung ihrer Gehirne. Nicht vergessen dürfen wir natürlich die aphrodisierende Wirkung des sanftzarten Gewürzes!

Achten Sie übrigens stets darauf, echte Vanilleschoten und ihre Produkte und niemals billige und künstlich hergestellte Vanille-Extrakte wie Vanillin zu verarbeiten! Diese künstlich hergestellten Aromen sind teilweise Abfallprodukte der Papierindustrie oder stammen aus den Chemielabors der Lebensmittelindustrie und haben in gesundem Essen nichts verloren.

Tipp: Wer seinen eigenen Vanillezucker herstellen möchte, dem sei empfohlen, einen vollwertigen Rohr- oder Rübenzucker vermischt mit den Resten von ausgekratzten Vanilleschoten in einem Schraubglas aufzubewahren.

Zimt

Zimt wird aus der Rinde des Zimtbaumes hergestellt, für die Herstellung von Zimtöl werden auch kleine Äste und Blätter verwendet. Es wird zwischen dem – meist – hochwertigeren Ceylon-Zimt aus Sri Lanka und dem etwas schärferen Cassia-Zimt aus China unterschieden. Je dünner und feiner Zimt gerollt ist, umso hochwertiger ist das Gewürz. In Backwaren verwenden wir naturgemäß meist gemahlenen Zimt, in Saucen,

Kompotten und Musen können ganze Zimtstangen mitgekocht werden. Beim Cassia-Zimt wird eine dickere Rindenschicht verwendet als beim Ceylon-Zimt.

Zimt hat viele positive und gesundheitsfördernde Eigenschaften. So werden dem süßlich aromatischen Gewürz eine blutzuckersenkende und blutfettsenkende Wirkung nachgesagt und in alternativmedizinischen Kreisen wird er daher gerne Diabetikern des Typs 2 empfohlen. In der Traditionellen Chinesischen Medizin wird Zimt u. a. bei Libidomangel, Durchfall, Unterfunktion der Schilddrüse und Appetitlosigkeit zum Einsatz gebracht.

Aufgrund der wärmenden Eigenschaften von Zimt ist er in unseren Breiten vor allem in der kalten Zeit sehr beliebt. Wohl keine Weihnachtsbäckerei kommt an dieser aromatischen Wärmeflasche vorbei.

Info: Zimt ist vor einiger Zeit wegen eines möglicherweise zu hohen und damit schädlichen Cumarin-Gehaltes in den Medien ins Kreuzfeuer der Kritik geraten. Cumarin-Überdosierungen können bei empfindlichen Menschen Kopfschmerzen auslösen, bei hohen Überdosierungen angeblich auch Leberschäden und möglicherweise sogar Krebs verursachen. Allerdings werden diese hohen Dosen kaum wirklich in der Realität konsumiert – und dass die Dosis das Gift macht, ist ohnehin altbekannt. Wer dieses Risiko dennoch minimieren möchte, sollte bei seinem Zimt-Einkauf darauf achten, keinen billigen Cassia-Zimt aus China, sondern eben besser hochwertigen Ceylon-Zimt zu erstehen. Dieser enthält pro Kilogramm nur 0,02 Gramm Cumarin, wohingegen chinesischer Cassia-Zimt bis zu 2 Gramm pro Kilogramm enthalten kann.

Zitrusschalen

Ein besonders aromatisches Würzmittel, das in einer naturnahen und gesunden süßen Küche nicht wegzudenken ist, ist der Abrieb von biologischen Zitrusfrüchten wie Orangen, Limetten, Zitronen oder Mandarinen. Achten Sie dabei stets auf biologische Ware, damit Sie keine Spritzmittel und Pestizide mitessen. Zudem ist es wichtig, nur den äußeren Teil der Schale zu verwenden, da die darunterliegende weißliche Haut bitter ist. Mit einem Zestenreißer, einem Messer oder einer feinen Reibe schaben Sie den aromatischen Teil einfach ab und fügen ihn Ihren süßen Werken bei.

Auch in getrockneter Form sind Orangen- und Mandarinenschalen im Handel erhältlich und eine Bereicherung für Ihre Küche. Aus Sicht der Traditionellen Chinesischen Medizin haben getrocknete Schalen zudem auch positive gesundheitliche Aspekte. So wandeln getrocknete Mandarinenschalen beispielsweise Feuchtigkeitsansammlungen und Schleim im Körper um und werden bei verschleimtem Husten, Brechreiz und Völlegefühl therapeutisch verordnet.

Backen mit Obst und Gemüse

Wenn wir in unsere Backwaren und Süßspeisen frische Früchte und Gemüse einbauen, nutzen wir deren natürliche Süße und wir ersparen uns den zusätzlichen Einsatz von großen Mengen Zucker und Süßstoffen. Zudem profitieren wir von den bioaktiven Stoffen, gesunden Ballaststoffen und diversen Vitaminen. An dieser Stelle wollen wir Ihnen ein paar Ideen geben, welches Obst und Gemüse sich besonders für die süße Küche eignet.

Äpfel

Der Apfel stammt aus der Pflanzenfamilie der Rosengewächse und heißt lateinisch „Malus", was aus ernährungsphysiologischer Sicht doch einigermaßen verwunderlich ist – heißt „Malus" übersetzt doch „schlecht", „Übel", „Leid" oder „Unheil". Diese moralische Bewertung verdankt die aromatische Frucht wohl nicht ihren biologischen Inhaltsstoffen, sondern ihrer Schlüsselfigur beim biblischen Sündenfall, wo Eva Adam mit der paradiesischen Frucht verführte.

Der Apfel ist mit rund 30 Vitaminen und Mineralstoffen eine der gesündesten Früchte überhaupt – und das bei geringstem Kaloriengehalt: Ein mittelgroßer Apfel enthält rund 60 Kalorien, besteht zu 85 Prozent aus Wasser und ist somit eines der wertvollsten Lebensmittel für all jene, die gesund, schlank und schön bleiben wollen.

Äpfel haben einen hohen Pektingehalt. Dieser sorgt u. a. für die positiven Eigenschaften in Bezug auf unsere Darmgesundheit. Der Apfel wird seit jeher in der Volksmedizin als Heilmittel bei Magen und Darmbeschwerden zum Einsatz gebracht. Die reichlich vorhandenen Ballaststoffe senken Cholesterin- und Blutfettspiegel und binden Giftstoffe. Regelmäßiger Verzehr von sonnengereiften Äpfeln kann die Bildung von schädlichen Stoffen in unserem Darm ebenso hemmen wie die Ansiedelung von unerwünschten Bakterien.

In Äpfeln finden wir wichtige Spurenelemente, Mineralstoffe und Vitamine wie u. a. Natrium, Kalium, Kalzium, Magnesium, Eisen, Phosphor, Kieselsäure, Niacin, Folsäure, Vitamin A, B_1, B_2, B_6, C und E sowie Quercetin, Flavonoide und Carotinoide. Daraus ergibt sich eine lange Reihe an positiven Effekten auf unsere Gesundheit. Äpfel sind hilfreich bei Gelenksbeschwerden, stärken unser Immunsystem, pflegen unsere Haut, binden freie Radikale, helfen bei Appetitlosigkeit und Gedächtnisstörungen, regulieren unseren Cholesterinspiegel und senken unsere Blutfette. Sie werden basisch verstoffwechselt, sind äußerst verdauungsfördernd und helfen beim Abnehmen und Entschlacken. Regelmäßig gegessen können sie sogar Herzinfarkt vorbeugen und die Tumorbildung verhindern.

Gerade in der süßen Küche harmonieren sie zu fast allem. In Kuchen, Torten und Strudeln sind sie ebenso gern gesehen wie passiert als Mus oder getrocknet in Früchtebroten.

Bananen

Bananen sind kohlenhydratreich und beinhalten große Mengen an wertvollen Mineralien wie Kalium, Magnesium, Eisen und Fluor. Dadurch wird u. a. der Wasserhaushalt reguliert und die Nerven und Muskeln werden entspannt. Zudem stecken viele Vitamine, Betacarotin und Folsäure in den tropischen

Früchten. Sie liefern wichtige Stoffe für eine gesunde Haut und die Blutbildung. Bananen können sich sogar positiv auf unsere Emotionen auswirken, da sie die Produktion von Serotonin im Gehirn fördern können. Auch auf die Verdauung haben sie eine regulierende Wirkung. Aus Sicht der Traditionellen Chinesischen Medizin sollte man allerdings bei rohen Früchten vor allem in der kalten Jahreszeit vorsichtig sein. Bananen kühlen und befeuchten. Gerade im Winter kann dies aus TCM-Sicht zu unangenehmen Verschleimungen führen und Erkältungskrankheiten begünstigen. Im Hochsommer kann dieser Effekt allerdings ein gewünschter sein und Bananen können daher eine willkommene Kühlung herbeiführen.

Da wir in unseren Breiten jedoch keine klimatischen Bedingungen vorfinden, um heimische Bananen zu kultivieren, sind wir für den Genuss von Bananen auf den Import aus fernen Ländern angewiesen. Dies führt meist dazu, dass wir selten sonnengereifte Früchte auf den Tisch oder in die Küche bekommen. Sowohl Geschmack als auch Verträglichkeit der krummen Frucht werden leider dadurch geschmälert, dass die Früchte allesamt noch unreif geerntet werden, damit sie den Transport zu uns überstehen.

Beeren

Himbeeren, Brombeeren, Heidelbeeren, Erdbeeren, Johannisbeeren, Preiselbeeren – sie sind allesamt kleine Kraftwerke für unsere Gesundheit und harmonieren mit vielen Süßspeisen.

Die Liste der gesundheitlichen Vorteile von Beeren ist lang: So mögen Krebszellen keine Himbeeren, reinigen Preiselbeeren unsere Blase, regulieren Heidelbeeren die Verdauung, beugen Erdbeeren Osteoporose vor, wirken Johannisbeeren entzündungshemmend und immunstärkend und Brombeeren schützen vor freien Radikalen und beugen Darm- und Lungenkrebs vor.

Tipp: Achten Sie beim Kauf auf regionale und saisonale Ware. Am besten schmecken aber immer noch jene wild wachsenden Beeren, die Sie im Hochsommer selbst in Wäldern, auf naturbelassenen Wegrändern und in privaten Gärten pflücken. Diese können Sie einfrieren und holen sich so zur Weihnachtszeit auch gleich noch eine Extraportion Sommersonne in Ihre süßen Leckereien.

Birnen

Birnen gehören wie die Äpfel zu den Rosengewächsen. Ähnlich wie Äpfel können sie mit jeder Menge gesunder Inhaltsstoffe aufwarten. Sie haben einen wesentlich geringeren Anteil an Fruchtsäure als Äpfel und schmecken daher süßer. Birnen sind reich an Kalium und Phosphor, daher wird ihnen eine entwässernde und nervenstärkende Wirkung zugeschrieben. Außerdem enthalten sind Eisen, Kalzium, Vitamin B_1 und B_2, Vitamin C und Folsäure. Für die süße Küche sind vor allem auch gedörrte Birnen interessant – die sogenannten Kletzen. Für die Kletzen werden spät reifende und sehr süße Sorten mit festem Fruchtfleisch verwendet. Diese sind roh kulinarisch meist nicht so gut wie eben im getrockneten Zustand.

Feigen

Die Feige ist eine der ältesten Kulturpflanzen. Mit etwas Geschick und Geduld lässt sie sich sogar in unseren Breiten kultivieren, sofern der Winter keine Minusrekorde erreicht. Die gesundheitlichen Bonuspunkte von Feigen sind sehenswert. So kann deren Genuss Knochen- und Nervenschäden vorbeugen. Der Wirkstoff Aneurin spielt eine bedeutende Rolle für den Stoffwechsel und das Nervengewebe. Zudem kann die aromatische Frucht einen hohen Kalzium- und Phosphorgehalt vorweisen. Eine der hilfreichsten Eigenschaften ist ihre verdauungsfördernde Wirkung. Feigen wirken Stuhlträgheit entgegen, regen den Gallenfluss an und wirken schleimlösend. Auch Leberleiden werden vom Konsum der Frucht positiv beeinflusst. Aufgrund ihrer schleimlösenden Wirkung wird sie sogar gegen Bronchitis heilsam zum Einsatz gebracht. Ein hoher Magnesiumgehalt unterstützt zudem in stressigen Zeiten unsere Nerven und das ästhetische Aussehen der biblischen, frischen Frucht erfreut nicht nur den Gaumen, sondern auch das Auge und das Gemüt. Feigen eignen sich frisch oder getrocknet hervorragend für die süße Küche.

Kürbis

Viele Kürbissorten eignen sich gut für das alternative Backen. Kürbisse sind farbenfroh und mit wertvollen Inhaltsstoffen ausgestattet: Bei vielen Sorten fallen hohe Carotinoidwerte auf. Diese sind u. a. für die orange-roten Färbungen der Früchte verantwortlich und unserer Gesundheit auf vielen Ebenen sehr zuträglich. Auch in der Krebsvorbeugung spielen sie eine große Rolle, da sie freie Radikale abwehren und unser Immunsystem damit stärken. Ein hoher Ballaststoffanteil in den Kürbissen sorgt für eine gesunde Verdauung und hilft ebenfalls beim Abtransport von schädlichen Stoffen. Kürbisse enthalten viel Kalium und wenig Natrium und viel Wasser, daher wirken sie auch entwässernd. In der süßen Küche liefern sie interessante geschmackliche Nuancen. Vor allem die Sorten Hokkaido, Butternuss oder Zucchini werden gerne verwendet.

Marillen (Aprikosen)

Marillen (Aprikosen) gehören ebenfalls zur Familie der Rosengewächse. Geerntet werden die Früchte im deutschsprachigen Raum – je nach Region – von Mitte Juli bis Ende August. In der südlichen Mittelmeerregion wird bereits ab Ende Mai geerntet, die Hauptsaison endet im September. Im Winter kommen vorrangig weit gereiste Früchte in den Handel und sollten in dieser Zeit sowohl aus ökologischen als auch aus gesundheitlichen Gründen gemieden werden. Wer allerdings im Sommer die sonnengereiften Früchte einkocht, einrext oder einfriert, hat auch im Winter noch frische Früchte in Form von Kompotten, Fruchtpürees, Marmeladen oder Marillenhälften im Haus.

Marillen (Aprikosen) haben trotz ihres süßen Geschmacks einen niedrigen Zuckergehalt und relativ wenig Kalorien. Sie enthalten wertvolle Carotinoide. Betacarotin wird im Körper zu Vitamin A umgewandelt und wirkt der Oxidation entgegen. Die Früchte enthalten B-Vitamine, Vitamin C, Folsäure, Magnesium, Eisen, Kalium, Kalzium und Phenolsäure. Ihre Süßspeisen werden in der Kombination mit Marillen (Aprikosen) also zu einem gesundheitsfördernden Genuss.

Zitrusfrüchte

Beim Verzehr von rohen Zitrusfrüchten warnen Ernährungsberaterinnen und -berater nach der Traditionellen Chinesischen Medizin vor allem in der kalten Jahreszeit vor der sehr kühlenden Wirkung der tropischen Früchte. Diese wachsen aus einem gewissen Grund in sehr heißen Gegenden. Allerdings wird aus TCM-Sicht den Schalen häufig eine wärmende Wirkung zugeschrieben. Der Abrieb von Zitrusfrüchten ist zudem extrem aromatisch und kann gerade in der süßen Küche für herrliche Geschmacksnuancen sorgen.

Aus westlicher Sicht enthalten sämtliche Zitrusfrüchte reichlich Vitamin C, Zitronen auch zusätzlich Vitamin B_1 und B_2, Niacin, Kalzium, Phosphor und Eisen. Mandarinen können zudem mit Vitamin A und B_1 aufwarten, Orangen weisen zusätzlich reichlich Folsäure auf und Grapefruits liefern Carotin, Kalzium und Phosphor. Der säuerliche Geschmack der Zitrusfrüchte ist in der Gesamtrezeptur manchmal der letzte Feinschliff, der das Rezept rund macht.

Süßes gesund genießen – 10 Leitsätze

Bevor es nun endlich zu unseren alternativen und süßen weihnachtlichen Rezepten geht, wollen wir Ihnen noch ein paar unserer Leitsätze mitgeben, damit Genuss und Gesundheit kein Widerspruch sein müssen:

Frische, möglichst regionale und biologische Zutaten verwenden!

Verzichten Sie auf billige und konventionell angebaute Grundprodukte. Diese enthalten häufig jede Menge Giftstoffe und schmecken meist auch nicht so gut wie biologische Grundzutaten. Zudem wollen wir Boden und Umwelt nicht weiter belasten und der nächsten Generation keine Müllhalde hinterlassen.

Vollwertige Getreidesorten und Artenvielfalt einsetzen!

Nutzen Sie die breite Palette an verschiedenen Getreidesorten und verarbeiten Sie diese möglichst vollwertig.

Meiden Sie weißen Zucker!

Experimentieren Sie mit alternativen Süßungsmitteln und reduzieren Sie langsam die üblichen Zuckermengen. Unser Geschmack ist häufig verbildet und wir sind oft süchtig nach Zucker. Dies kann verändert werden, ohne dass Sie gleich komplett auf süße Genüsse verzichten müssen.

Hochwertige Gewürze und Kräuter verwenden!

Experimentieren Sie mit Gewürzen und Kräutern – in hochwertiger Qualität. Diese bringen neben intensiven Aromen immer auch gesundheitlichen Mehrwert auf Ihren Teller.

Fertigprodukte und chemische Aromen meiden!

Lassen Sie Finger und Rührschüssel möglichst von Fertigprodukten und billigen, chemischen Aromen. Geschmack und Gesundheit werden es Ihnen danken.

Die Dosis macht das Gift!

Gerade was den Genuss von süßen Speisen betrifft, ist dieser Leitsatz besonders wichtig. Auch wenn wir Vollkornprodukte, alternative Süßungsmittel und frische Früchte und Gemüse in unseren Süßspeisen verarbeiten, ist es wichtig, davon mit Maß und Ziel zu genießen. Die gesündeste Bio-Torte kann uns ganz ordentlich schaden, wenn wir laufend zu viel davon essen.

Widmen Sie sich dem Kochen und Backen – wie der Liebe – mit ganzem Herzen!

Nehmen Sie sich Zeit beim Kochen, Backen und beim Essen und arbeiten Sie mit Freude! Wenn Sie in einer hektischen und schlecht gelaunten Stimmung einen Kuchen backen, können Sie Ihren Gästen ganz schön den Magen damit verderben.

Allgemeines zu den Rezepten

Das Auge isst mit!

Bemühen Sie sich bis zum letzten Moment der Fertigstellung und beim Anrichten. Mit frischen Blüten, frischen Früchten, bunten Cremen oder Schlagobers (Schlagsahne) garniert, sieht Ihre Süßspeise auch wunderschön aus und Sie erfreuen Ihre Lieben bereits vor dem ersten Bissen damit.

Seien Sie kreativ – aber am richtigen Platz!

Halten Sie sich beim Herstellen von Teigen an die angegebenen Mengenangaben. Diese sind erprobt und lassen häufig wenig Abwandlung zu, wenn sie gelingen sollen. Ihre Kreativität können und sollen Sie beim Experimentieren mit Gewürzen und Kräutern, in der Kombination mit unterschiedlichen Früchten und Gemüsesorten oder bei der Herstellung von Cremen, Füllen, Saucen und Musen ausleben.

Genuss ohne Reue!

Genießen Sie Ihre Süßspeisen ohne Reue! Selbst wenn Sie einmal ein bisschen über die Stränge geschlagen haben, sollten Sie sich nicht auch noch mit Selbstgeißelung und schlechtem Gewissen schaden. Je mehr Sie sich dafür selbst hassen, umso mehr schaden Sie sich!

Und in Zukunft denken Sie einfach vorher an den oberen Leitsatz „Die Dosis macht das Gift!".

Die **Zeitangaben** zur Zubereitungs- und Backzeit verstehen sich als Circa-Angaben und können je nach Können und Backofen variieren. Grundsätzlich können Sie die Gerichte mit **Heißluft** oder mit **Ober- und Unterhitze** backen. Manchmal empfehlen wir jedoch eine der beiden Einstellungen, dann ist es beim entsprechenden Rezept ausdrücklich vermerkt. Wenn Sie zwei Bleche auf einmal in den Ofen geben wollen, sollten Sie auf jeden Fall mit Heißluft backen.

Im Allgemeinen ist die **Größe** von **Blechen** und **Auflaufformen** beim Rezept vermerkt. Bei Haushaltsblechen haben wir eine Standardgröße von 30 x 40 cm, bei Auflaufformen eine Größe von 25 x 21 cm und bei **Gugelhupfformen** einen Inhalt von 1,5 l angenommen. **Springformen und Tortenringe** sollten einen Durchmesser von 24 bis 26 cm haben, wir haben die Größe bei den jeweiligen Rezepten aber immer angegeben. Ist in den Rezepten **„dunkle Kuvertüre"** angegeben, sollte Kuvertüre oder Schokolade mit einem Kakaoanteil von mindestens **55 bis 70 Prozent** verwendet werden.

Bezugsquellen und interessante Links:
www.meierhof.at, www.superfood.at
www.keralaayurvedashop.com, www.staudigl.at
www.ayurveda-marktplatz.de, www.akasha.co.at

Abkürzungsverzeichnis

g	Gramm	TL	Teelöffel
kg	Kilogramm	ML	Mokkalöffel (Kaffeelöffel)
ml	Milliliter	Pkg.	Packung
l	Liter	Stk.	Stück
EL	Esslöffel		

Klassiker neu interpretiert

Vanillekipferl

100 Stück

Zubereitung: 30 Minuten
Ruhen: 2 Stunden
Backzeit: 15 Minuten

Zutaten

- 280 g Vollkorn-Dinkelmehl
- 200 g zimmerwarme Butter
- 100 g gemahlene, geröstete Mandeln
- 90 g Vollrübenzucker
- Mark von 1 Bourbon-Vanilleschote

Zum Bestäuben

- Ayurvedischer Zucker
- Mark von 1 Bourbon-Vanilleschote

Backofen auf 170 °C vorheizen. Alle Zutaten zu einem glatten Teig verkneten und bedeckt im Kühlschrank 2 Stunden rasten lassen.

Den Teig in Teilen aus dem Kühlschrank nehmen. 2 cm dicke Stränge rollen, in gleich große Stücke schneiden und diese zu Kipferln formen.

Auf ein mit Backpapier ausgelegtes Blech legen und ca. 15 Minuten backen.

Vanillemark mit ayurvedischem Zucker vermischen. Mit einem Sieb auf die noch heißen Kipferl sieben.

laktosearm ✔ hefefrei ✔ eifrei ✔

43

Burgenländerkipferl

100 Stück

Zubereitung: 30 Minuten
Ruhen: ca. 60 Minuten
Backzeit: 10 Minuten

Zutaten Teig

- 400 g fein vermahlenes Vollkorn-Kamutmehl
- 30 g Germ (Hefe)
- 125 ml Milch
- 1 EL Vollrohrzucker
- 250 g Butter
- 3 Eidotter (Eigelb)
- 1 Prise Steinsalz

Fülle

- 3 Eiklar (Eiweiß)
- 250 g feiner Vollrübenzucker
- 200 g geriebene Walnüsse

Mehl in eine Schüssel gegeben. Eine Mulde hineindrücken und die frische Germ (Hefe) hineinbröseln. Darüber leicht handwarme Milch gießen und Zucker einstreuen. Abdecken und stehen lassen, bis die Germ (Hefe) große Blasen wirft.

Nun alle weiteren Zutaten zugeben und gut verkneten. Den Hefeteig in 3–4 Teile teilen und im Kühlschrank 15–20 Minuten ruhen lassen.

Für die Fülle Eiklar (Eiweiß) und Vollrübenzucker über Wasserdampf zu festem Schaum schlagen und die Nüsse unterheben.

Je einen der 3–4 Teile Teig dünn ausrollen, mit dem Nussschaum bestreichen und von beiden Seiten zur Mitte hin einrollen. Mit einem runden Ausstecher Halbmonde von der Rolle abstechen und auf ein mit Backpapier belegtes Backblech legen. Bei 220 °C ca. 10 Minuten backen.

Feiner Lebkuchen

Alle Zutaten zu einem geschmeidigen Teig verkneten und über Nacht im Kühlschrank ruhen lassen.

Den Teig ca. 3 mm dick ausrollen und beliebig ausstechen. Bei 180 °C ca. 15 Minuten hell backen (fühlt sich noch fast teigig an). Auskühlen lassen und nach Belieben verzieren.

Dieser Lebkuchen ist und bleibt bei guter Lagerung weich.

Tipp: Übrig gebliebenen Lebkuchen können Sie zu einem köstlichen Soufflé (siehe Seite 97) verarbeiten.

laktosearm ✔ hefefrei ✔

100 Stück

Zubereitung: 45 Minuten
Ruhen: über Nacht
Backzeit: 15 Minuten – unter Beobachtung!

Zutaten

- 500 g Vollkorn-Roggenmehl
- 250 g Honig
- 125 g Butter
- 125 g Vollrübenzucker
- 50 g geriebene, geröstete Mandeln
- 2 Eier
- 15 g Lebkuchengewürz
- 15 g gemahlener Zimt
- 10 g Natron
- 2 EL Rum
- 1 Prise Salz

Kokosbusserl

80 Stück

Zubereitung: 10 Minuten
Backzeit: 20 Minuten

Zutaten

- 3 Eiklar (Eiweiß)
- 150 g Vollrohrzucker
- 200 g Kokosflocken
- 1 EL Essig

Eiklar (Eiweiß) zu einem festen Schnee schlagen, Zucker nach und nach einschlagen. Kokosflocken in einer beschichteten Pfanne ohne Fett goldbraun rösten und noch warm unter den Schnee heben. Essig untermengen.

Auf einem mit Backpapier belegten Blech mithilfe von 2 befeuchteten Teelöffeln kleine Häufchen formen und bei 150 °C ca. 20 Minuten backen.

glutenfrei ✔ laktosefrei ✔

47

Winterliche Bratäpfel mit Nüssen und Fruchtaufstrich

4 Portionen

Zubereitung: 5 Minuten
Backzeit: 25–30 Minuten

Zutaten

- 4 große Äpfel
- 1 Handvoll gemischte Nüsse
- 6 TL biologischer Fruchtaufstrich ohne Zucker
- 1 Prise gemahlener Zimt
- 1 Prise Piment
- 1 Prise gemahlene Nelken
- 4 TL Butter

Backofen auf 200 °C vorheizen. Äpfel waschen, mit einem Apfelausstecher das Kerngehäuse in der Mitte entfernen und den Apfel innen etwas aushöhlen.

Für die Fülle die Nüsse grob hacken, mit dem Fruchtaufstrich vermischen und mit Zimt, Piment und Nelkenpulver würzen.

Jeweils 1–2 TL von dieser Fülle in die Mitte der Äpfel einfüllen. Darauf jeweils einen Klecks Butter setzen.

Die Bratäpfel im vorgeheizten Backofen auf Backpapier bei 200 °C je nach Größe rund 25–30 Minuten backen.

Tipp: Sollten Ihnen Bratäpfel übrig bleiben, dann versuchen Sie doch einmal ein Bratäpfel-Trifle als Dessert (siehe Seite 124).

lakotosearm ✔ glutenfrei ✔ eifrei ✔

Rumrosinen-Kekse

40 Stück

Zubereitung: 25 Minuten
Einlegezeit der Rosinen: 30 Minuten
Backzeit: 10 Minuten

Zutaten

- 100 g Rosinen
- Etwas Rum
- 125 g Butter
- 75 g Vollrohrzucker
- 2 Eier
- Mark von 1 Bourbon-Vanilleschote
- Abrieb von 1 Bio-Zitrone
- 200 g Vollkorn-Bergweizenmehl
- 50 g gemahlene Mandeln
- 1 TL Weinstein-Backpulver

Backofen auf 180 °C vorheizen. Die Rosinen in Rum einweichen und rund 30 Minuten ziehen lassen, anschließend abseihen. Butter mit Zucker und Eiern schaumig rühren. Mit Vanillemark und Zitronenschale aromatisieren. Mehl, Backpulver und Mandeln unterrühren und anschließend die Rosinen einarbeiten.

Backpapier auf ein Backblech geben und aus dem Teig mit 2 Teelöffeln nussgroße Stücke abstechen und auf das Blech setzen. Auf mittlerer Schiene bei 180 °C im vorgeheizten Backofen 10 Minuten backen.

Die fertig gebackenen Kekse aus dem Ofen nehmen und auskühlen lassen.

hefefrei ✔ laktosearm ✔

Schoko-Orangen-Ingwer-Stangerl

Weiche Butter mit Agavendicksaft im Mixer gut durchrühren, Ingwer, Orangenschale und Salz zugeben und von Hand mit dem Mehl verkneten.

Über Nacht kühl stellen.

Am nächsten Tag den Teig nochmals gut durchkneten und ca. 4 mm dick ausrollen. Mit einem Messer ca. 1,5 x 5 cm große Stücke schneiden oder beliebig ausstechen und auf ein mit Backpapier belegtes Blech legen.

Bei 180 °C 8–10 Minuten backen, vom Backblech nehmen und auskühlen lassen.

Für die Glasur Kochschokolade und Kokosöl im Wasserbad schmelzen.

Die Stangerl ganz oder nur an den Enden in Schokoglasur tauchen. Mit klein gehacktem, kandiertem Ingwer verzieren.

laktosearm ✔ hefefrei ✔ eifrei ✔

80 Stück

Zubereitung: 20 Minuten
Ruhen: über Nacht
Backzeit: 8–10 Minuten

Zutaten Teig

- 250 g Butter
- 120 g Agavendicksaft
- 1 EL gemahlener Ingwer
- Abrieb von 1 Bio-Orange
- 1 Prise Salz
- 430 g Vollkorn-Dinkelmehl

Glasur

- 6 Rippen Kochschokolade
- 6 EL Kokosöl

- Kandierter Ingwer zum Verzieren

Hildegards Glückskekse

60 Stück

Zubereitung: 15 Minuten
Backzeit: 10 Minuten

Zutaten

- 180 g Vollkorn-Dinkelmehl
- 120 g Butter
- 50 g Vollrohrzucker
- 1 TL gemahlener Muskat
- 1 TL gemahlener Zimt
- 1/2 TL gemahlene Nelken

Backofen auf 180 °C vorheizen. Alle Zutaten mit den Gewürzen rasch zu einem Teig verkneten.

Den Teig ausrollen und beliebige Kekse ausstechen und auf ein mit Backpapier belegtes Blech legen. 10 Minuten bei 180 °C im vorgeheizten Backofen backen.

Aus dem Ofen nehmen und rund 10 Minuten auf dem Blech auskühlen lassen. Vom Blech nehmen, ganz auskühlen lassen und in Keksdosen füllen.

laktosearm ✔ hefefrei ✔ eifrei ✔

Weihnachtsstollen

1 Stollen (18 Stück)

Zubereitung: 25 Minuten
Einlegezeit der Rosinen: 30 Minuten
Backzeit: 50 Minuten

Zutaten

- 120 g Rosinen
- 5 EL Rum
- 4–5 Safranfäden
- 100 g zimmerwarme Butter
- 150 g Birkenzucker
- 50 g Bourbon-Vanillezucker
- 2 Eier
- 250 g Topfen (Quark)
- 1 EL gemahlener Zimt
- 220 g helles Dinkelmehl
- 220 g Vollkorn-Einkornmehl
- 1 1/2 Pkg. Backpulver
- 100 g Aranzini
- 100 g Zitronat
- 1 Prise Salz
- Mandelblättchen
- Einige Butterflöckchen
- Etwas Rohrzucker

Rosinen mit Rum und Safran 30 Minuten durchziehen lassen.

Butter schaumig rühren, Zucker und Eier dazugeben und gut durchrühren.

Rosinen abgießen und Rum mit Safranfäden zur Masse geben. Mit Topfen (Quark) und Zimt verrühren.

Mehl mit Backpulver versiebt hinzugeben. Aranzini, Zitronat und die Rosinen mit dem Teighaken untermischen.

Eine Kastenform (30 x 11 cm) mit Butter ausstreichen, Teig in die Form geben und mit Mandelblättchen bestreuen. Einige Flöckchen Butter auf die Blättchen geben und mit etwas Rohrzucker bestreuen. Bei 180 °C ca. 50 Minuten goldbraun backen.

Nach dem Auskühlen luftdicht verschließen.

Tipp: Besonders saftig schmeckt der Stollen 2 Tage nach dem Backen.

hefefrei ✔

Dirndl-Augen

Butter in kleine Stücke schneiden und mit allen weiteren Zutaten zügig zu einem homogenen Teig verkneten.

Den Teig dünn ausrollen und mit kreis-, blumen- oder sternförmigen Formen Kekse ausstechen. Bei der Hälfte der Kekse einen kleinen Kreis in der Mitte ausstechen.

Bei 180 °C 10 Minuten backen und auskühlen lassen.

Die Kekse ohne Loch mit dem Fruchtaufstrich bestreichen und jeweils einen Keks mit Loch daraufsetzen.

Info: Die in Österreich Dirndl genannte Kornelkirsche ist eine alte Sorte, die nicht mit der Edelkirsche verwandt ist. Die fast vergessene Frucht findet in den letzten Jahren wieder vermehrt Verwendung in der Küche (besonders für Säfte und Fruchtaufstriche). Die Früchte sind reich an Vitamin C und an Gerbstoffen und zeigen entzündungshemmende und lindernde Wirkung bei Magen-Darm-Beschwerden.

laktosearm ✔ hefefrei ✔ eifrei ✔

40 Stück

Zubereitung: 45 Minuten
Backzeit: 10 Minuten

Zutaten Teig
- 120 g Butter
- 180 g Vollkorn-Dinkelmehl
- 60 g Vollrübenzucker
- 2 EL gemahlener Zimt
- Mark von 1 Bourbon-Vanilleschote
- 1 Prise Salz

Füllung
- 1 Glas Dirndl-Fruchtaufstrich (Kornelkirsche-Fruchtaufstrich)

Apfelbrot

4–8 Brote

Zubereitung: 20 Minuten
Ruhen: über Nacht
Backzeit: 90 Minuten

Zutaten

- 100 g grob geschnittene Feigen
- 100 g grob geschnittene Dörrzwetschken (Dörrpflaumen)
- 100 g grob gehackte Nüsse
- 600 g grob geriebene Äpfel
- 150 ml Apfeldicksaft
- 500 g Vollkorn-Roggenmehl
- 1 EL gemahlener Zimt
- 1 TL gemahlene Nelken
- 1 Pkg. Backpulver
- 1 Prise Salz

Trockenfrüchte, Nüsse, Äpfel und Apfeldicksaft vermengen und über Nacht ziehen lassen. Am nächsten Tag mit den restlichen Zutaten zu einem homogenen Teig verkneten, kleine Laibe formen und bei 180 °C 90 Minuten backen. Gelegentlich mit Wasser bestreichen.

Tipp: Passt auch sehr gut zu einer pikanten Adventjause mit Käse wie z. B. Camembert und Preiselbeerkompott.

vegan ✔ laktosefrei ✔ hefefrei ✔

Vanille-Zitronen-Maiskekse

50 Stück

Zubereitung: 25 Minuten
Ruhen: 30 Minuten
Backzeit: 10 Minuten

Zutaten
- 100 g Butter
- 2 Eidotter (Eigelb)
- 6 EL Apfelsüße
- 2 TL Weinstein-Backpulver
- Saft und Abrieb von 1 Bio-Zitrone
- Mark von 1 Bourbon-Vanilleschote
- 140 g Maismehl
- 100 g Dinkelfeinmehl
- Pinienkerne

Backofen auf 175 °C vorheizen. Butter schmelzen. Eidotter (Eigelb), Apfelsüße, Backpulver, Zitronensaft und -schale und Vanillemark mit Mais- und Dinkelmehl vermischen, flüssige Butter beifügen und zu einem glatten Teig verkneten.

Zugedeckt 30 Minuten im Kühlschrank rasten lassen.

Anschließend aus dem Teig eine Rolle (Ø ca. 2,5 cm) formen, mit dem Messer Scheiben abschneiden. Diese etwas flach drücken und die Taler auf ein mit Backpapier ausgelegtes Backblech legen. In jede Keksmitte einen Pinienkern platzieren und etwas andrücken. Im vorgeheizten Backofen bei 175 °C 10 Minuten backen. Aus dem Ofen nehmen und auskühlen lassen.

hefefrei ✔ laktosearm ✔

Gewürzschnittchen

100 Schnittchen

Zubereitung: 15 Minuten
Backzeit: 35 Minuten

Zutaten Teig
- 250 g Vollkorn-Einkornmehl
- 200 g Vollrohrzucker
- 100 g Rohkakao
- 1 EL Backpulver
- 1 Prise Salz
- 2 EL gemahlener Zimt
- 1/2 TL gemahlene Nelken
- 1/2 TL gemahlener Galgant
- 1 Prise Muskat
- 40 g fein gehackte, dunkle Schokolade
- 1 Ei
- 300 ml Sojamilch
- 120 ml Sonnenblumenöl

Zimtglasur
- 150 g feiner ayurvedischer Zucker
- 1 EL gemahlener Zimt (mehr oder weniger – ganz nach Belieben)
- 100 ml Wasser

Backofen auf 175 °C Ober- und Unterhitze vorheizen. Eine flache Backform (ca. 35 x 28 cm) mit Backpapier bedecken.

Die trockenen Zutaten mischen, zur Seite stellen. Ei, Milch und Öl verrühren und mit den trockenen Zutaten vermischen. Nur so lange rühren, bis ein homogener, cremiger Teig entstanden ist.

Den Teig auf das Backblech streichen und den Kuchen ca. 35 Minuten bei 175 °C Ober- und Unterhitze backen.

Wenn der Kuchen erkaltet ist, die Zutaten für die Zimtglasur verrühren. Bei Bedarf Wasser oder ayurvedischen Zucker hinzufügen. Dann über den Kuchen gießen und gleichmäßig verstreichen. In kleine Würfel oder Rauten schneiden.

Kühl lagern und rasch verbrauchen.

Tipp: Übrig gebliebene Gewürzschnittchen lassen sich sehr gut zu Cake Pops (siehe Seite 88) verarbeiten.

laktosefrei ✔ hefefrei ✔

Weihnachtsgugelhupf

Backofen auf 170 °C vorheizen. Das Mehl mit den Gewürzen und dem Zitronen- und Orangenabrieb vermischen. Kokosraspeln beifügen.

Germ (Hefe) in der Sojamilch auflösen und mit der geschmolzenen Butter verrühren. Eier beifügen und mit Kokosblütenzucker und etwas Zitronen- und Orangensaft abschmecken. Nun mit dem Mehl vermischen und zu einem weichen Teig kneten.

Zugedeckt an einem warmen Ort ca. 60 Minuten gehen lassen, abermals verkneten.

Datteln entkernen und in kleine Stücke schneiden. Feigen von den harten Stielansätzen befreien und ebenfalls klein schneiden. Datteln, Rosinen, Feigen und gehackte Nüsse sowie Salz zufügen und den Teig abermals gut durchrühren.

Eine Gugelhupfform (Ø 25 cm) mit Butter ausstreichen und den Teig einfüllen. Nochmals rund 30 Minuten an einem warmen Ort gehen lassen und anschließend den Gugelhupf im vorgeheizten Backofen 45 Minuten bei 170 °C backen.

laktosearm ✔

1 Gugelhupf (16 Stück)

Zubereitung: 30 Minuten
Ruhen: 90 Minuten
Backzeit: 45 Minuten

Zutaten

- 500 g Vollkorn-Einkornmehl
- 1 ML Piment
- 1 ML gemahlener Zimt
- 1 ML Kardamom
- 1 Prise gemahlene Nelken
- Mark von 1 Bourbon-Vanilleschote
- Saft und Abrieb von 1 Bio-Zitrone und 1 Bio-Orange
- 60 g Kokosraspeln
- 1 Würfel Germ (Hefe)
- 250 ml Sojamilch
- 100 g geschmolzene Butter
- 4 Eier
- 100 g Kokosblütenzucker
- Je 70 g Datteln und Feigen
- 50 g Rosinen
- 70 g gehackte Mandeln
- 70 g gehackte Walnüsse
- 1 Prise Salz
- 2 EL Butter für die Form

Zimtsterne

80 Stück

Zubereitung: 25 Minuten
Ruhen: 4 Stunden
Backzeit: 4–5 Minuten

Zutaten Teig

- 200 g ayurvedischer Zucker (alternativ Vollrohrpuderzucker)
- 1 EL Orangensaft
- 150 g geriebene Mandeln
- 200 g geriebene Walnüsse
- 2 EL gemahlener Zimt
- 8 EL Sojasahne
- 1 EL Abrieb von 1 Bio-Orange
- 50 g Buchweizenmehl

Guss

- 50 g Pfeilwurzelmehl
- 1 EL gemahlener Zimt
- 5 EL Wasser
- 3 EL Ahornsirup

Backofen auf 250 °C vorheizen. Alle Zutaten für den Teig gut verkneten. Auf einer mit Buchweizenmehl bestäubten Unterlage ausrollen und Sterne ausstechen.

Bei Zimmertemperatur ca. 4 Stunden trocknen lassen. Die Zimtsterne auf einem mit Backpapier ausgelegten Blech im vorgeheizten Backofen bei 250 °C ca. 4–5 Minuten backen.

Die Kekse auskühlen lassen und aus Pfeilwurzelmehl, Zimt, Wasser und Ahornsirup einen zähen Guss rühren. Die Zimtsterne damit überziehen, zurück in den noch warmen Backofen stellen und über Nacht bei geöffneter Backofentür trocknen lassen.

vegan ✔ glutenfrei ✔ laktosefrei ✔

Aus aller Welt

Panforte

1 Torte (12 Stück)

Zubereitung: 20 Minuten
Backzeit: 30 Minuten

Zutaten

- 150 g fein gehackte Aranzini
- 50 g fein gehacktes Zitronat
- 50 g Buchweizenmehl
- 3 EL Rohkakaopulver
- 1 TL gemahlener Zimt
- Etwas gemahlene Nelken, gemahlener Koriander und gemahlene Muskatblüte
- 100 g geröstete, grob gehackte Haselnusskerne
- 100 g grob gehackte Mandeln
- 120 g Vollrohrzucker
- 120 g Agavendicksaft
- Feiner Agavenzucker oder Pfeilwurzelmehl zum Bestäuben

Aranzini und Zitronat mit Mehl, Kakao, Zimt, Gewürzen und Nüssen vermischen. Zucker mit Agavendicksaft in einem Topf schmelzen lassen und sofort unter die Mischung heben.

Die zähe Masse in eine mit Backpapier ausgelegte Springform (Ø 20 cm) streichen und 30 Minuten lang bei 180 °C backen.

Leicht abkühlen lassen, mithilfe eines Messers vom Rand lösen und auf ein Bett aus feinem Agavenzucker/Pfeilwurzelmehl stürzen. Das Backpapier entfernen und diese Seite ebenfalls mit Agavenzucker/Pfeilwurzelmehl bestäuben.

vegan ✔ laktosefrei ✔ glutenfrei ✔ hefefrei ✔

Laddhu

60 Stück

Zubereitung: 20 Minuten

Zutaten

- 150 g Ghee
- 200 g Kichererbsenmehl
- 100 g ayurvedischer Zucker
- Gemahlener Zimt und gemahlener Kardamom nach Geschmack

Ghee und gesiebtes Kichererbsenmehl in einer Pfanne vermengen und langsam unter ständigem Rühren ca. 15 Minuten anrösten, bis das Laddhu einen nussigen Geruch verströmt. Ayurvedischen Zucker dazugeben. Mit Zimt und Kardamom nach Geschmack würzen.

Den dicken Brei auf eine tiefe Platte geben und auskühlen lassen. In Stücke schneiden und servieren.

Laddhu ist lange haltbar.

Variante 1:
Rezept wie oben. Nach Geschmack 50 g Kichererbsenmehl durch Kokosraspel oder geröstete Nüsse/Mandeln ersetzen.

Variante 2:
Ausgekühltes Laddhu in Stücke schneiden und zu Kugeln rollen. Dann in Kakaopulver/Nüssen/Kokosraspeln wälzen.

laktosearm ✔ glutenfrei ✔ hefefrei ✔ eifrei ✔

Banana Bread

Backofen auf 190 °C vorheizen. Eine Kastenform (30 x 11 cm) mit etwas Kokosfett oder Öl einstreichen.

Rosinen in heißem Wasser einweichen.

Öl, Zucker und Saft vermischen. Mehl, Backpulver und Zimt unterrühren.

Bananen mit einer Gabel zerdrücken, Rosinen abgießen und gemeinsam mit den Bananen unter die Mehlmischung heben.

Den Teig in die Kastenform füllen und 40–50 Minuten backen. Leicht abkühlen lassen und stürzen.

Tipp: Eine schmackhafte Resteverwertung von braun gewordenen Bananen.

vegan ✔ laktosefrei ✔ hefefrei ✔

1 Kastenbrot (18 Stück)

Zubereitung: 20 Minuten
Backzeit: 40–50 Minuten

Zutaten
- 100 g Rosinen
- Heißes Wasser zum Einweichen
- 9 EL Sonnenblumenöl
- 225 g Vollrohrzucker
- 300 ml Multifruchtsaft
- 250 g Vollkorn-Kamutmehl
- 100 g feines Dinkelmehl
- 1 Pkg. Backpulver
- 2 EL gemahlener Zimt
- 3 reife Bananen

Schoko-Minz-Cupcakes

12 Cupcakes

Zubereitung: 20 Minuten
Backzeit: 30 Minuten

Zutaten Teig

- 1 Becher Sojajoghurt Vanille (250 ml)
- 1/2 Becher geröstete, geriebene Mandeln
- 1 Becher Vollkorn-Kamutmehl
- 1/4 Becher Olivenöl
- 1 EL Backpulver
- 1 TL Natron
- 1/2 Becher Vollrohrzucker
- 1/2 Becher Rohkakao

Topping

- 3 reife Bananen
- 2 weiche Avocados
- 70 g Rohkakao
- 3 EL Mandel-Tonkabohnen-Creme oder nur Mandelmus
- 4 Tropfen reines ätherisches Pfefferminzöl

Dekoration

- Schokosternchen
- Minzblätter

Alle Zutaten für den Teig gut verrühren. Ein Muffinblech (für 12 Muffins) mit Papierförmchen versehen und den Teig einfüllen.

Bei 180 °C ca. 30 Minuten backen.

Für das Topping alle Zutaten in einen Mixer geben oder in einem tiefen Gefäß mit dem Pürierstab zu einer feinen Creme mixen.

Die ausgekühlten Muffins mit dem Topping bestreichen oder mit einer Dressiertüte aufbringen. Mit Schokosternchen bestreuen, mit Minzblättern dekorieren.

Tipp: Falls nicht alle Muffins auf einmal gegessen werden, das Topping in halber Menge zubereiten und nach Bedarf aufbringen, da die Oberfläche rasch nachdunkelt und austrocknet.

vegan ✔ laktosefrei ✔ hefefrei ✔

Apple Crumble

Für 6 Personen

Zubereitung: 20 Minuten
Backzeit: 25–30 Minuten

Zutaten

- 4–5 Äpfel (alte Sorten, die für Strudel geeignet sind, schmecken besonders köstlich)
- 1 TL Wasser
- 2 EL Saft von 1 Bio-Zitrone
- Vollrohrzucker nach Geschmack
- 1 EL gemahlener Zimt
- Rosinen nach Geschmack

Streusel

- 100 g Haferflocken
- 125 g Vollkorn-Dinkelmehl
- 120 g Vollrohrzucker
- 60 g zerlassene Butter
- 2 EL Agavendicksaft

Backofen auf 180 °C vorheizen. Äpfel je nach Belieben schälen oder ungeschält verwenden, in feine Spalten schneiden und mit Wasser, Zitronensaft, Zucker, Zimt und Rosinen marinieren.

Die restlichen Zutaten in einer Schüssel zu Streusel „verkrümeln".

Eine Auflaufform mit Butter einfetten, Äpfel hineinschichten und mit Streusel bestreuen.

Bei 180 °C im vorgeheizten Backofen 25–30 Minuten goldbraun backen.

Tipp: Mit Vanillesauce servieren!

laktosearm ✔ hefefrei ✔ eifrei ✔

Yummy Cookies

Zucker und Öl schaumig schlagen, Apfelmus und Maisstärke, Soja- bzw. Mandelmilch und Orangenschale unterrühren.

Backpulver, Gewürze, Salz und Mehl vermengen und unter die Zucker-Mischung heben. Rosinen und Nüsse hinzufügen.

Teelöffelweise runde Häufchen mit großem Abstand auf ein mit Backpapier belegtes Backblech setzen. Bei 180 °C etwa 12–15 Minuten backen. Die Cookies laufen beim Backen flach auseinander. Cookies mitsamt dem Backpapier vom Backblech heben und auskühlen lassen. Dabei werden sie hart. Danach vorsichtig ablösen und in einer Dose luftdicht lagern.

vegan ✔ laktosefrei ✔ hefefrei ✔

50 Kekse

Zubereitung: 10 Minuten
Backzeit: 12–15 Minuten

Zutaten

- 170 g Vollrohrzucker
- 100 ml flüssiges Kokosöl
- 4 EL Apfelmus
- 2 TL Maisstärke
- 2 EL Sojamilch oder Mandelmilch
- 1 EL Abrieb von 1 Bio-Orange
- 2 TL Weinstein-Backpulver
- 1 TL gemahlener Zimt
- 1/2 TL gemahlene Nelken
- 1 Prise Salz
- 200 g Vollkorn-Dinkelmehl
- 80 g Rosinen
- 100 g gehackte Walnüsse

Ayurvedischer Milchreis-Kuchen

6 Portionen

Zubereitung: 30 Minuten
Backzeit: 10 Minuten

Zutaten

- 250 g italienischer Rundkornreis
- 500 ml Kokosnussmilch
- 350 ml Mandelmilch
- 200 g Vollrübenzucker
- 10 g Rosinen
- 10 g gehackte Walnüsse
- 10 g klein geschnittene Datteln
- 1/2 TL Salz
- 1 TL gemahlener Zimt
- 1 Msp. gemahlener Kardamom
- Kokosette zum Bestreuen

Alle Zutaten bis auf das Kokosette in einen Topf geben und durchmischen. Aufkochen lassen und 20 Minuten bei niedriger Hitze zugedeckt köcheln lassen. Gelegentlich umrühren.

Die Masse in eine Springform (Ø 30 cm) geben, mit Kokosette bestreuen und im Backofen bei 220 °C ca. 10 Minuten goldbraun übergrillen.

Warm mit Apfelmus oder Kompott servieren. Schmeckt auch kalt mit Fruchtpüree.

vegan ✔ laktosefrei ✔ hefefrei ✔ glutenfrei ✔

75

Kokos-Dinkelkuchen auf karibische Art

1 Kuchen (14 Stück)

Zubereitung: 20 Minuten
Backzeit: 45 Minuten

Zutaten

- 325 g Vollkorn-Dinkelmehl
- 3 TL Weinstein-Backpulver
- 130 g Vollrohrzucker
- 1 großes Ei
- 225 g Dinkelmilch
- 100 g geschmolzene Butter
- Mark von 1 Bourbon-Vanilleschote
- 1 Prise gemahlener Zimt
- 1 Prise gemahlener Muskat
- 1/2 TL Salz
- 150 g frisch geriebene Kokosnuss oder alternativ Kokosraspel
- Vollrohrzucker zum Bestreuen

Backofen auf 180 °C vorheizen. Mehl mit Backpulver vermischen, Vollrohrzucker dazugeben, mit Ei, Dinkelmilch, geschmolzener Butter und den Gewürzen verrühren. Das geriebene Kokosnussfleisch bzw. die Kokosraspel beifügen und alles gut mixen.

Den Teig in eine gebutterte Kastenform (26 x 12 cm) einfüllen. Mit Vollrohrzucker bestreuen und im vorgeheizten Backofen bei 180 °C 45 Minuten backen. Auskühlen lassen.

Tipp: Alternativ können Sie den Teig auch in Muffinsförmchen backen – dann verringert sich allerdings die Backzeit.

laktosearm ✔ hefefrei ✔

Spanische Apfel-Tortilla mit Pinienkernen

Die Rosinen einige Stunden in Rum einlegen und anschließend abseihen.

Die Äpfel schälen und in kleine Würfel schneiden. Den Zucker mit etwas Olivenöl in einer heißen Pfanne karamellisieren lassen. Die Apfelwürfelchen, Pinienkerne und Rosinen dazugeben und mit Zimt aromatisieren. Alles kurz abbraten.

Eier trennen. Das Eiklar (Eiweiß) zu Schnee aufschlagen und die Eidotter (Eigelb) vorsichtig unterheben. Die leicht karamellisierten Äpfel, Rosinen und Pinienkerne dazugeben.

Olivenöl in einer mittelgroßen Bratpfanne erhitzen, den Teig eingießen und zugedeckt auf kleiner Flamme sehr langsam braten.

Nach rund 10 Minuten, wenn das Ei vollständig gestockt ist, einen Teller auf die Pfanne legen, die Pfanne umdrehen und die Tortilla auf den Teller gleiten lassen. Auf der Rückseite wieder zurück in die Pfanne geben und auf der zweiten Seite fertig braten.

Etwas überkühlen lassen und in Rauten oder Dreiecke schneiden.

laktosefrei ✔ hefefrei ✔ glutenfrei ✔

1 Tortilla (ca. 8 Stück)

Zubereitung: 10 Minuten
Einlegezeit der Rosinen: mehrere Stunden
Backzeit: 15–20 Minuten

Zutaten

- 1 Handvoll Rosinen
- 100 ml karibischer brauner Rum
- 2 Äpfel
- 1 EL Vollrohrzucker
- Olivenöl
- 1 Handvoll Pinienkerne
- 1 Prise gemahlener Zimt
- 8 Eier

Mandel-Emmer-Taler auf griechische Art

40 Stück

Zubereitung: 30 Minuten
Ruhen: 30 Minuten
Backzeit: 20 Minuten

Zutaten
- 100 g Butter
- 100 g Vollrohrzucker
- 2 Eier
- 4 EL Ouzo
- Mark von 1 Bourbon-Vanilleschote
- Orangenblütenwasser
- Abrieb von 1 Bio-Orange
- 185 g Emmer-Feinmehl
- 65 g gemahlene Mandeln
- 40 Nelken

Backofen auf 180° C vorheizen. Butter schmelzen und etwas auskühlen lassen, Butter mit Vollrohrzucker schaumig rühren und mit Eiern, Ouzo und Vanillemark verrühren. Mit etwas Orangenblütenwasser und Orangenschale aromatisieren. Mehl und Mandeln vermischen und alles zu einem geschmeidigen Teig verarbeiten. Diesen im Kühlschrank 30 Minuten rasten lassen.

Den Teig aus dem Kühlschrank nehmen, zu einer Rolle (Ø 2,5 cm) ausrollen und von der Rolle Scheiben abschneiden. Die Scheiben etwas flach drücken und auf ein Backblech mit Backpapier auflegen. In die Mitte jedes Stücks eine Gewürznelke stecken.

Auf mittlerer Schiene 20 Minuten bei 180 °C und Umluft backen.

Aus dem Backofen nehmen und die noch warmen Kekse mit Orangenblütenwasser einstreichen und auskühlen lassen.

laktosearm ✔ hefefrei ✔

79

Kuchen, Torten, Muffins

Schoko-Himbeer-Schnitten

20–25 Stück

Zubereitung: 45 Minuten
Backzeit: 40 Minuten

Zutaten Teig

- 2 Becher Sojajoghurt (à 250 ml)
- 1/2 Becher geröstete, geriebene Mandeln
- 1 Becher Vollkorn-Dinkelmehl
- 1/4 Becher Kokosöl
- 1 Pkg. Backpulver
- 1 TL Natron
- 1/2 Becher Vollrohrzucker
- Mark von 1 Bourbon-Vanilleschote

Creme

- 500 ml Soja-Himbeer-Joghurt
- 250 ml Rosenblütentee
- 10 g Agar-Agar
- 250 ml Sojasahne

Glasur

- 6 Rippen (vegane) Kochschokolade
- 6 EL Kokosöl

Für den Kuchenteig alle Zutaten in eine große Schüssel geben, gut verrühren. Den Teig in eine mit Backpapier belegte rechteckige Backform mit höherem Rand von ca. 30 x 40 cm geben. Bei 180 °C ca. 40 Minuten backen. Abkühlen lassen.

Für die Creme Joghurt und Tee mit Agar-Agar unter Rühren zum Kochen bringen und weitere 5 Minuten köcheln lassen, dabei ständig rühren. Leicht abkühlen lassen und Sojasahne unterrühren.

Die Masse auf den abgekühlten Kuchenboden in der Backform gießen. Dabei darauf achten, dass das Backpapier an den Ecken gut hochgezogen ist, damit die Joghurt-Masse nicht verläuft. Kühl stellen, bis die Masse vollständig gehärtet ist.

Für die Glasur Schokolade und Kokosöl über dem Wasserbad schmelzen. Die flüssige Glasur auf den Kuchen gießen und im Kühlschrank härten lassen.

vegan ✔ laktosefrei ✔ hefefrei ✔

Schoko-Maroni-Torte

Für den Teig die Eier trennen und Eiklar (Eiweiß) zu Schnee aufschlagen. Zur Seite stellen.

Birkenzucker, Vanillemark und Eidotter (Eigelb) schaumig schlagen. Mehl mit Backpulver vermengen. Abwechselnd Mehl-Mischung, Öl und Wasser in die Ei-Zucker-Mischung einrühren. Zum Schluss den Schnee unterheben und in eine mit Butter ausgestrichene und mit Mehl bestäubte Tortenform füllen (Ø 28 cm).

Bei 175 °C 60 Minuten backen. Leicht abkühlen lassen und auf ein Tortengitter stürzen.

Für die Creme etwas kalte Milch mit Maisstärke und Kakaopulver glatt verrühren. Die restliche Milch mit Zucker und Vanillemark aufkochen lassen und dann die Kakaomasse einrühren, bis eine puddingartige Konsistenz entsteht. In eine Rührschüssel umfüllen, Maronipüree (Esskastanienpüree) hinzufügen und mit dem Schneebesen rühren, bis der Pudding handwarm abgekühlt ist. Butter in Stückchen schaumig unterrühren. Ganz abkühlen lassen.

Den Tortenboden mit einem großen Messer waagrecht in 2 Teile schneiden und die Torte mit der Creme füllen bzw. ummanteln.

Mit einem Sparschäler Späne von der Kuvertüre abschälen und die Torte damit dekorieren.

Tipp: Wenn von der Creme etwas übrig bleibt, kann sie zum Füllen von Keksen, z. B. Dirndl-Augen (siehe Seite 55), verwendet werden.

mit Reismilch laktosearm ✔ hefefrei ✔

1 Torte (12 Stück)

Zubereitung: 45 Minuten
Backzeit: 60 Minuten

Zutaten Teig

- 5 Eier
- 250 g Birkenzucker
- Mark von 1 Bourbon-Vanilleschote
- 250 g Dinkelmehl
- 1 Pkg. Backpulver
- 125 ml Sonnenblumenöl
- 125 ml Wasser
- 80 g Kakaopulver

Creme

- 200 ml Reismilch oder Milch
- 25 g Maisstärke
- 50 g Kakaopulver
- 100 g Agavenzucker
- Mark von 1 Bourbon-Vanilleschote
- 140 g Maronipüree (Esskastanienpüree)
- 400 g zimmerwarme Butter

Dekoration

- Etwas dunkle Kuvertüre

Pflaumen-Pinienkern-Muffins

12 Muffins

Zubereitung: 20 Minuten
Backzeit: 20 Minuten

Zutaten
- 3 Eier
- 130 g Birkenzucker
- 100 g Ghee
- 200 g Vollkorn-Einkornmehl
- 1 TL Natron
- 1 EL gemahlener Kardamom
- 100 g Dörrzwetschken (Dörrpflaumen)
- 50 g geröstete Pinienkerne

Backofen auf 180 °C vorheizen, ein Muffinsblech mit Papierförmchen auskleiden.

Eier und Birkenzucker schaumig rühren, Ghee hinzufügen.

Mehl mit Natron und Kardamom vermengt unter die Ei-Birkenzucker-Ghee-Mischung rühren. Kleingehackte Dörrzwetschken (Dörrpflaumen) und Pinienkerne unterheben.

Teig in die Förmchen füllen und ca. 20 Minuten im vorgeheizten Backofen bei 180 °C backen.

laktosearm ✔ hefefrei ✔

Kardamom-Birnen-Becherkuchen mit Walnüssen

1 Kuchen (12 Portionen)

Zubereitung: 15 Minuten
Backzeit: 30–40 Minuten

Zutaten
- 1 Becher Vollkorn-Dinkelmehl
- 1/2 Becher Birkenzucker
- 3 Eier
- 1/2 Becher mildes Olivenöl
- 1 Becher Schafsjoghurt
- 1/2 Pkg. Backpulver
- 1 1/2 Becher geschälte und in Stücke geschnittene Birnen
- 1/2 Becher gehackte Walnüsse
- 2 TL gemahlener Kardamom
- Saft und Abrieb von 1/2 Bio-Zitrone

Backofen auf 160 °C vorheizen. Alle Zutaten – bis auf die Birnen – zu einem Teig rühren, dann die Birnen unter den Teig mischen.

Ein Backblech einfetten und den Teig auf das Blech gießen.

Den Kuchen bei 160 °C – je nach verwendeter Bechergröße – 30–40 Minuten im vorgeheizten Backofen backen. Auskühlen lassen und in Stücke schneiden.

hefefrei ✔

Kürbiskuchen

Kokosöl im Wasserbad vorsichtig verflüssigen, bis es leicht handwarm ist. Eier und Kokosöl schaumig schlagen, Zucker hinzugeben.

Alle restlichen Zutaten gut mit dem Kürbis vermengen und zur Öl-Zucker-Eier-Mischung geben. Zu einem homogenen Teig rühren und auf einem kleinen Backblech (ca. 35 x 28 cm) glatt verstreichen. Bei 170 °C ca. 60 Minuten backen.

Für die Glasur Schokolade und Kokosöl über dem Wasserbad schmelzen und den ausgekühlten Kuchen damit glasieren.

laktosefrei ✔

30 Stück

Zubereitung: 20–30 Minuten
Backzeit: 60 Minuten

Zutaten Teig

- 250 ml Kokosöl
- 4 Eier
- 250 g Vollrohrzucker
- 400 g fein geraspelter Kürbis
- 150 g Vollkorn-Dinkelmehl
- 100 g Vollkorn-Amaranthmehl
- 1 1/2 TL Backpulver
- 150 g gemahlene Walnüsse
- 1 EL gemahlener Zimt
- 1 EL gemahlener Galgant
- 1/2 TL Steinsalz
- Mark von 1 Bourbon-Vanilleschote
- 100 g Rosinen nach Belieben

Glasur

- 6 Rippen Kochschokolade
- 100 ml Kokosöl

Cake Pops

6–8 Stück

Zubereitung: 15 Minuten
Ruhen: 60 Minuten

Zutaten Teig

- 200 g Kuchenreste (z. B. Kuchen im Glas, Gewürzschnittchen)
- 100 g Frischkäse

Aromen nach Belieben

- Mark von 1 Bourbon-Vanilleschote
- Rohkakao
- Abrieb von 1 Bio-Zitrone
- Rum

Glasur

- 3 Rippen Kochschokolade
- 3 EL Kokosfett

Dekoration

- Streusel, Kokosette, geriebene Nüsse ...

Kuchenreste zerbröseln und mit Frischkäse und Aromen verkneten. Kugeln (Ø 4–5 cm) formen und ca. 60 Minuten kühl stellen.

Schokolade und Kokosfett im Wasserbad schmelzen, die Kuchen-Kugeln auf Holzstäbchen oder breite Trinkhalme stecken und durch die Schokoladeglasur ziehen. Streusel, Kokosette, geriebene Nüsse ... in Schüsseln füllen und die mit Schokolade überzogenen Cake Pops darin wälzen.

Zum Trocknen in eine durchlöcherte Schuhschachtel oder einen Styroporblock stecken. Kühl lagern und rasch verzehren.

89

Flaumiger Dinkel-Birnen-Kuchen

30 Stück

Zubereitung: 25 Minuten
Backzeit: 50 Minuten

Zutaten
- 4 Eier
- 250 g Vollrohrzucker
- 250 ml Öl oder Ghee
- 125 ml lauwarmes Wasser
- 250 g Vollkorn-Dinkelmehl
- 2 EL Speisestärke
- 1/2 Pkg. Weinstein-Backpulver
- Rum, Zitronenschale, Vanillezucker nach Geschmack
- 4 Birnen zum Belegen
- Mandelsplitter
- 1 EL gemahlener Zimt
- 4 EL Vollrohrzucker

Die Eier trennen, das Eiklar (Eiweiß) zu steifem Schnee schlagen.

Eidotter (Eigelb) mit Zucker schaumig rühren, Öl bzw. Ghee und Wasser untermischen. Mehl mit Speisestärke und Backpulver vermischt unterrühren. Schnee unterheben. Mit Rum, Zitronenschale, Vanillezucker nach Geschmack aromatisieren.

Teig auf ein mit Backpapier belegtes kleines Blech (ca. 35 x 28 cm) streichen.

Birnen schälen, in Scheiben schneiden und den Teig damit belegen. Mit Mandelsplittern und Zimtzucker bestreuen.

Bei 180 °C ca. 50 Minuten goldbraun backen.

mit Öl laktosefrei ✔ hefefrei ✔

Schokotorte mit Preiselbeeren

Backofen auf 190 °C vorheizen. Kuvertüre zerkleinern und im Wasserbad langsam schmelzen lassen. Butter und Ghee zufügen und glatt verrühren.

Eier und Zucker schaumig schlagen und abwechselnd mit dem Mehl unter die Kuvertüre-Masse rühren. In eine gebutterte Tarte-Form (Ø 26 cm) streichen und ca. 20 Minuten bei 190 °C im vorgeheizten Backofen backen. Der Kuchen kann im Kern noch weich sein – er zieht nach.

Auskühlen lassen, vor dem Servieren mit Agavenzucker bestreuen und mit Preiselbeeren dekorieren.

glutenfrei ✔ laktosearm ✔

1 Torte (12–16 Stück)

Zubereitung: 20 Minuten
Backzeit: 20 Minuten

Zutaten

- 200 g dunkle Kuvertüre
- 150 g Butter
- 50 g Ghee
- 5 Eier
- 150 g Vollrohrzucker
- 3 EL Buchweizenmehl
- Agavenzucker zum Bestreuen
- Kompottpreiselbeeren zum Dekorieren

Rote Biskuittorte

1 Mini-Torte (8–10 Stück)

Zubereitung: 45 Minuten
Backzeit: 15 Minuten

Zutaten Biskuitboden

- 6 Eier
- 80 g Vollkorn-Dinkelmehl
- 40 g Buchweizenmehl
- 50 g Agavenzucker
- 70 g Vollrohrzucker

Creme

- 1 TL Agar-Agar
- 200 ml roter Traubensaft
- 100 g tiefgekühlte Erdbeeren
- 200 g Sojasahne
- 1 Pkg. Sahnesteif
- 50 ml Agavendicksaft

Backofen auf 220 °C vorheizen. 2 Tortenformen (Ø 20 cm) mit Butter ausstreichen und mit Mehl bestäuben.

Für den Teig Eier und Zucker schaumig schlagen und das Mehl in kleinen Schüben über den Schaum sieben. Mit einer Teigspachtel vorsichtig unterheben.

Jeweils die Hälfte des Teiges in eine Backform füllen und ca. 15 Minuten bei 150 °C Umluft backen. 10 Minuten abkühlen lassen, dann erst die Torte aus der Form nehmen.

Für die Creme Agar-Agar in etwas Traubensaft auflösen. Aufgetaute Erdbeeren mit dem restlichen Obstsaft im Mixer pürieren. Mit dem angerührten Agar-Agar-Saft in einen Topf geben und ca. 5 Minuten unter ständigem Rühren aufkochen. Auskühlen lassen, bis das Agar-Agar geliert. Sojasahne mit Sahnesteif aufschlagen und mit dem Schneebesen unter die feste Masse heben.

Eine Torte mit der Creme füllen, die zweite Torte drauflegen und mit der restlichen Creme bestreichen. Nach Lust und Laune verzieren.

Tipp: Beim Tunken von Keksen in Schokoladeglasur bleibt häufig ein Rest über. Diesen kann man z. B. in einem Gittermuster oder „freestyle" mit einem Esslöffel auf ein Blatt Backpapier träufeln und erkalten lassen. Anschließend in einem Gefäß aufbewahren und z. B. zum Dekorieren dieser Torte verwenden.

laktosefrei ✔ hefefrei ✔

Bergweizen-Gewürzkuchen mit Superfood-Beeren

1 Kuchen (14 Stück)

Zubereitung: 20 Minuten
Backzeit: 60 Minuten

Zutaten
- 150 g Butter
- 90 g Kokosblütenzucker
- 4 Eier
- 150 g Hafermilch
- 200 g gemahlene Mandeln
- 60 g Buchweizenmehl
- 200 g Vollkorn-Bergweizenmehl
- 3 TL Weinstein-Backpulver
- 3 TL gemahlener Zimt
- 2 TL Kardamom
- 50 g getrocknete Gojibeeren
- 50 g getrocknete Maulbeeren
- 50 g Rosinen
- 2 EL Butter für die Form

Backofen auf 175 °C vorheizen. Die zimmerwarme Butter mit dem Kokosblütenzucker und den Eiern schaumig rühren, Hafermilch, Mandeln, Buchweizen- und Bergweizenmehl beifügen. Backpulver und Gewürze dazugeben und die getrockneten Beeren und Rosinen einarbeiten.

Eine Kastenform (26 x 12 cm) ausbuttern und den Teig einfüllen. Im vorgeheizten Backofen bei 175° C 60 Minuten backen und auskühlen lassen.

laktosearm ✔ hefefrei ✔

Glutenfreier Orangen-Mandarinen-Blechkuchen

Backofen auf 180 °C vorheizen. Mandarinen schälen und Filets herausschneiden.

Eier trennen. Eiklar (Eiweiß) zu steifem Schnee schlagen.

Butter, Eidotter (Eigelb), Kokosblütenzucker, Salz, Vanillemark und Orangenschale mit dem Mixer zu einer cremigen Masse schlagen. Glutenfreies Mehl und Backpulver einarbeiten und zum Schluss den Schnee unterheben.

Ein Backblech mit Backpapier auslegen und den Teig eingießen. Die Mandarinenfilets leicht ausdrücken, damit sie nicht zu viel Flüssigkeit abgeben, und den Teig damit belegen. Mit den Mandelblättchen bestreuen und im vorgeheizten Backofen bei 180 °C 25–30 Minuten backen.

Den Kuchen auskühlen lassen und in Quadrate oder Rechtecke schneiden.

glutenfrei ✔ laktosearm ✔ hefefrei ✔

1 Kuchen (20 Stück)

Zubereitung: 30 Minuten
Backzeit: 25–30 Minuten

Zutaten

- 1 kg Mandarinen
- 6 Eier
- 200 g Butter
- 150 g Kokosblütenzucker
- 1 Prise Salz
- Mark von 1 Bourbon-Vanilleschote
- Abrieb von 1 Bio-Orange
- 180 g glutenfreies Mehl (Maisstärke, Sojamehl und Guarkernmehl – gibt es fertig gemischt im Handel)
- 2 TL Weinstein-Backpulver
- 2 Handvoll Mandelblättchen

Glutenfreier Maroni-Mandelkuchen

1 Kuchen (12 Stück)

Zubereitung: 20 Minuten
Backzeit: 45 Minuten

Zutaten

- 3 Eier
- 1 Prise Salz
- 135 g Birkenzucker
- 100 g weiche Butter
- 250 g tiefgefrorener Kastanienreis
- 2 EL Schlagobers (Sahne)
- 150 g gemahlene Mandeln
- Mark von 1 Bourbon-Vanilleschote
- 1 Prise gemahlene Muskatblüten

Backofen auf 180 °C vorheizen. Eier trennen. Eiklar (Eiweiß) mit Salz steif aufschlagen.

Birkenzucker, Butter und Eidotter (Eigelb) schaumig schlagen. Kastanienreis, Schlagobers (Sahne), Mandeln und Gewürze beifügen und alles gut durchmixen. Steif geschlagenes Eiklar (Eiweiß) vorsichtig unterheben.

Den Teig in eine gebutterte Springform (Ø 18 cm) füllen und glatt streichen. Im vorgeheizten Backofen bei 180 °C 45 Minuten backen. Auskühlen lassen und aus der Form nehmen.

Tipp: Dieser Maroni-Kuchen schmeckt sehr gut mit Schlagobers (Sahne), Vanille- und/oder Zimteis.

hefefrei ✔ glutenfrei ✔

Lebkuchen-Soufflé

Backofen auf 170 °C vorheizen. Butter schmelzen lassen. Die Lebkuchenreste grob zerbröseln und mit Zitronensaft und geschmolzener Butter vermengen. Kurz durchziehen lassen.

Eier trennen, Eiklar (Eiweiß) mit Salz zu steifem Eischnee schlagen. Eidotter (Eigelb) mit Vollrohrzucker ebenfalls schaumig schlagen. Lebkuchenmischung unterheben. Eischnee unter die Ei-Lebkuchen-Mischung heben.

4 feuerfeste Souffléförmchen mit Butter ausstreichen. Die Förmchen maximal zu 2/3 füllen, da die Masse beim Backen aufgeht.

Die Förmchen in ein mit Wasser gefülltes Gefäß stellen und 30–35 Minuten im Backofen garen.

Die Soufflés aus den Förmchen nehmen und warm servieren.

Dazu passt Schlagobers (Sahne) oder Vanillesauce.

laktosearm ✔ hefefrei ✔

4 Portionen

Zubereitung: 25 Minuten
Backzeit: 30–35 Minuten

Zutaten

- 50 g Butter
- 100 g Lebkuchenreste
- Saft von 1 Bio-Zitrone
- 2 Eier
- 1 Prise Salz
- 2 EL Vollrohrzucker

Kekse, Cookies & Co. zum Verschenken

Kuchen im Glas

4 Einkochgläser (Füllmenge à 250 ml)

Zubereitung: 10 Minuten
Backzeit: 30 Minuten

Zutaten Grundmasse
- 200 g Butter
- 3 Eier
- Saft von 1 Bio-Zitrone
- 150 g Vollrübenzucker
- 150 g Vollkorn-Einkornmehl
- 1 TL Backpulver
- 50 g Pfeilwurzelmehl
- Butter und geriebene Mandeln für die Gläser

Backofen auf 180 °C vorheizen. Die gereinigten, sterilisierten Gläser mit Butter einstreichen und mit geriebenen Mandeln ausstreuen.

Butter in einem Topf schmelzen.

Eier, Zitronensaft und Zucker schaumig schlagen.

Mehl, Backpulver und Pfeilwurzelmehl vermengen und unter den Zucker-Ei-Schaum heben. Geschmolzene Butter unterrühren.

Den Teig maximal 2/3 hoch in die vorbereiteten Gläser füllen und ohne Deckel auf der mittleren Schiene ca. 30 Minuten bei 180 °C im vorgeheizten Backofen backen. Stäbchenprobe machen.

Mit hübschen Bändern oder Aufklebern weihnachtlich dekorieren und verschenken.

Tipp: Noch heiß verschlossen hält sich der Kuchen im Glas 4–6 Wochen. Überschüssiger Teig kann in Muffinsförmchen 20 Minuten mitgebacken werden.

laktosearm ✔ hefefrei ✔

Variante 1: Rotweinkuchen im Glas

4 Einkochgläser (Füllmenge à 250 ml)

Zubereitung: 10 Minuten
Backzeit: 30 Minuten

Zutaten

- 150 g Butter
- 3 Eier
- 150 ml Rotwein
- 150 g Vollrübenzucker
- 150 g Vollkorn-Einkornmehl
- 1 TL Backpulver
- 50 g Rohkakao
- 50 g geriebene Haselnüsse
- 1 EL gemahlener Zimt
- 1 TL gemahlene Nelken
- Butter und geriebene Haselnüsse für die Gläser

Backofen auf 180 °C vorheizen. Die gereinigten, sterilisierten Gläser mit Butter einstreichen und mit geriebenen Haselnüssen ausstreuen.

Butter in einem Topf schmelzen.

Eier, Rotwein und Zucker schaumig schlagen.

Mehl, Backpulver, Kakao, Haselnüsse, Zimt und Nelken vermengen und unter den Zucker-Ei-Schaum heben, geschmolzene Butter unterrühren.

Den Teig maximal 2/3 hoch in die vorbereiteten Gläser füllen und ohne Deckel auf der mittleren Schiene ca. 30 Minuten bei 180 °C im vorgeheizten Backofen backen. Stäbchenprobe machen.

Mit hübschen Bändern oder Aufklebern weihnachtlich dekorieren und verschenken.

Tipp: Noch heiß verschlossen hält sich der Kuchen im Glas 4–6 Wochen. Überschüssiger Teig kann in Muffinsförmchen 20 Minuten mitgebacken werden. Bitte bedenken Sie: Aufgrund des Alkoholgehalts ist dieser Kuchen für Kinder nicht geeignet.

laktosearm ✔ hefefrei ✔

Variante 2: Mohn-Himbeer-Kuchen im Glas

Backofen auf 180 °C vorheizen. Die gereinigten, sterilisierten Gläser mit Butter einstreichen und mit geriebenen Mandeln ausstreuen.

Ghee in einem Topf schmelzen.

Eier, Sojamilch und Zucker schaumig schlagen.

Mehl, Backpulver, Mandeln und Mohn vermengen und unter den Zucker-Ei-Schaum heben, geschmolzenes Ghee unterrühren. Himbeeren unterheben.

Den Teig maximal 2/3 hoch in die vorbereiteten Gläser füllen und ohne Deckel auf der mittleren Schiene ca. 30 Minuten bei 180 °C im vorgeheizten Backofen backen. Stäbchenprobe machen.

Mit hübschen Bändern oder Aufklebern weihnachtlich dekorieren und verschenken.

Tipp: Noch heiß verschlossen hält sich der Kuchen im Glas 4–6 Wochen. Überschüssiger Teig kann in Muffinsförmchen 20 Minuten mitgebacken werden.

laktosearm ✔ hefefrei ✔

4 Einkochgläser (Füllmenge à 250 ml)

Zubereitung: 10 Minuten
Backzeit: 30 Minuten

Zutaten

- 50 g Ghee
- 3 Eier
- 70 ml Sojamilch
- 160 g Vollrübenzucker
- 250 g Vollkorn-Einkornmehl
- 1 EL Backpulver
- 50 g geriebene Mandeln
- 50 g gemahlener Mohn
- 250 g tiefgekühlte Himbeeren
- Butter und geriebene Mandeln für die Gläser

Gebrannte Nüsse

4–6 Geschenkportionen

Zubereitung: ca. 20 Minuten

Zutaten
- 200 g Rohrohrzucker
- 200 g Walnüsse, alternativ Mandeln oder Cashewkerne
- 100 ml Wasser
- 2 EL gemahlener Zimt

Zucker, Nüsse und Wasser in eine beschichtete Pfanne geben, auf mittlerer Flamme ohne Unterlass rühren. Das kann einige Zeit dauern und benötigt Geduld.

Wenn der Zucker rund um die Nüsse die Konsistenz von Butterbröseln bekommt, ist er kurz davor, flüssig zu werden. Nun Zimt zugeben. Weiter rühren, und zwar so lange, bis die Nüsse von zart schmelzendem Karamell umgeben sind.

Einzeln auf Backpapier legen und auskühlen lassen.

In weihnachtlichen Cellophansäckchen oder kleinen Schachteln verpacken.

Nicht vegane Variante: Mit dem Zimt noch etwas Butter zugeben. Sehr lecker!

laktosefrei ✔ hefefrei ✔ glutenfrei ✔ vegan ✔

105

Nervenkekse

100 Stück

Zubereitung: 40 Minuten
Ruhen: 30 Minuten
Backzeit: 15 Minuten

Zutaten
- 400 g Dinkelfeinmehl
- 250 g Butter
- 150 g ayurvedischer Zucker
- 200 g gemahlene, süße Mandeln
- 2 Eier
- 20 g gemahlener Zimt
- 20 g gemahlener Muskat
- 10 g gemahlene Nelken
- 1 Prise Salz

Das Mehl auf der Arbeitsplatte häufen, die Butter in Stückchen darauf verteilen. Zucker, Mandeln, Eier und die Gewürze zufügen. Alles mit einem großen Messer oder einer Teigkarte durchhacken, rasch zusammenkneten und 30 Minuten kalt stellen.

Den Teig 2–3 mm dick ausrollen, Plätzchen ausstechen und bei 180–200 °C ca. 15 Minuten golden backen.

laktosearm ✔ hefefrei ✔

Sesamtaler

Alle Zutaten rasch zu einem Mürbteig verkneten, zwei Rollen daraus formen und in Frischhaltefolie eingewickelt 30 Minuten kalt stellen.

Die Rollen in dünne Scheiben schneiden und diese auf ein mit Backpapier belegtes oder eingefettetes Backblech legen.

Wird der Teig ausgerollt und werden daraus Kekse ausgestochen, ist es empfehlenswert, zum Binden ein Ei zum Mürbteig zu geben.

Im Backofen bei 200 °C 10–12 Minuten backen.

Variante:
Zum Teig 1 Msp. gemahlene Nelken und 1 Msp. gemahlene Muskatblüte beimengen.

mit Sojajoghurt und ohne Ei vegan ✔ hefefrei ✔

80 Stück

Zubereitung: 35 Minuten
Ruhen: 30 Minuten
Backzeit: 10–12 Minuten

Zutaten
- 300 g feines Einkornmehl
- 125 g Butter
- 175 g Agavenzucker
- 90 g ungeschälter Sesam
- Mark von 1 Bourbon-Vanilleschote
- 2–3 EL Joghurt bzw. Sojajoghurt
- Ev. 1 Ei

Glückskekse mit Galgant

60 Stück

Zubereitung: 40 Minuten
Ruhen: 30 Minuten
Backzeit: 12–13 Minuten

Zutaten

- 220 g Vollkorn-Dinkelmehl
- 130 g Butter
- 1 Ei
- 60 g Vollrohrzucker
- 2–3 EL gemahlener Galgant

- 1 Ei zum Bestreichen
- Erdmandelsplitter zum Bestreuen

Backofen auf 170 °C vorheizen. Mehl, Butter, Ei, Zucker, Galgant mit der Hand verkneten und abgedeckt 30 Minuten kühl stellen.

Den Teig dünn ausrollen und beliebige Formen ausstechen. Kekse auf ein mit Backpapier belegtes Backblech legen, mit verquirltem Ei bestreichen und mit Erdmandelsplittern bestreuen. 12 – 13 Minuten bei 170 °C im vorgeheizten Backofen goldbraun backen.

Info: Erdmandeln – oder auch Tigernuss und in Spanien „Chufa“ genannt – zählen aufgrund ihrer hohen Nährstoffdichte zu den sogenannten „Superfoods“. Botanisch gesehen sind Erdmandeln keine Nüsse und werden daher von Allergikern meist gut vertragen. Sie haben einen sehr positiven Einfluss auf Darm und Nerven und gelten als schmackhafter Zellschutz.

laktosearm ✔ hefefrei ✔

109

Kokos-Grappa-Kugeln

40–50 Kugeln

Zubereitung: 15 Minuten

Zutaten

- 200 g Kokosraspel
- 80 g Honig
- 4 EL Schlagobers (Sahne)
- 2 TL Grappa
- Abrieb von 1/2 Bio-Orange

In der Küchenmaschine 150 g Kokosraspel zerkleinern. Honig, Schlagobers (Sahne), Orangenschale und Grappa beifügen und so lange verkneten, bis eine marzipanähnliche Konsistenz entsteht.

Aus der Masse kleine Kugeln formen und in den restlichen Kokosraspeln wälzen. Kugeln in kleine Papierförmchen setzen.

Tipp: Wenn Kinder mitnaschen, Alkohol durch frischen Orangensaft ersetzen!

glutenfrei ✔ hefefrei ✔ eifrei ✔

Mut-Engel

Backofen auf 170 °C vorheizen. Zucker mit Butter schaumig rühren. Eidotter (Eigelb) hinzufügen und mit Mehl, Mandeln, Gewürzen und Essenzen zu einem gleichmäßigen Teig verkneten. Dünn ausrollen und kleine Engel ausstechen. Mit verquirltem Ei bestreichen und bei 170 °C im vorgeheizten Backofen ca. 12 Minuten goldbraun backen.

Info: Blütenessenzen sind energetische Essenzen auf Basis von Heilpflanzen. Am bekanntesten sind Bachblüten, die vom englischen Arzt Dr. Edward Bach entwickelt worden sind. Die Essenzen Elm, Gentian, Mimulus, Mustard und Red Chestnut helfen uns, Mut zu finden. In der Apotheke können Sie eine Mischung herstellen lassen. Eine Weiterentwicklung der Bachblüten aus Österreich ist unter dem Namen Delila ® auf dem Markt. Hier werden die Essenzen nebst Kärntner Blüten auch mit Edelsteinen, Metallen und Lichtwässern versetzt. Je 10 Tropfen Vertrauen, Selbstvertrauen und Wahre Liebe können für den Teig verwendet werden.

laktosearm ✔ hefefrei ✔

60 Stück

Zubereitung: 40 Minuten
Backzeit: 12 Minuten

Zutaten

- 40 g Vollrohrzucker oder Birkenzucker
- 110 g Butter
- 1 Eidotter (Eigelb)
- 250 g Vollkorn-Dinkelmehl
- 60 g geriebene, geröstete Mandeln
- Mark von 1 Bourbon-Vanilleschote
- 1/2 TL gemahlener Zimt
- Je 10 Tropfen Blütenessenzen für mehr Mut
- 1 Ei zum Bestreichen

Cantuccini mit Apfelsüße und Anis

40 Stück

Zubereitung: 20 Minuten
Ruhen: 2 Stunden
Backzeit: insgesamt 28 Minuten

Zutaten

- 25 g Butter
- 250 g Vollkorn-Bergweizenmehl
- 150 g Apfelsüße
- Mark von 1 Bourbon-Vanilleschote
- 2 TL gemörserte Anissamen
- Abrieb von 1 Bio-Zitrone
- 1 Prise Salz
- 2 Eier
- 100 g ganze Mandeln mit Schale

Butter in kleine Stücke schneiden. Mehl mit Butter, Apfelsüße, Vanillemark, Anis, Zitronenschale, Salz und den Eiern zu einem Teig verkneten. Die ganzen Mandeln einarbeiten und den Teig im Kühlschrank 2 Stunden rasten lassen.

Anschließend die Teigmasse in 4 Rollen formen, diese flach drücken und bei 180 °C 18 Minuten bei Umluft backen.

Aus dem Backofen nehmen, auskühlen lassen und die gebackenen kleinen Stollen in rund 1 cm dicke Scheiben aufschneiden. Diese abermals im Backofen bei 180 °C weitere 10 Minuten backen.

laktosearm ✔ hefefrei ✔

Emmer-Käse-Cracker

60 Stück

Zubereitungszeit: 15 Minuten
Ruhen: 20 Minuten
Backzeit: 10–12 Minuten

Zutaten

- 300 g Emmer-Vollkornmehl
- 125 g weiche Butter
- 125 ml Wasser
- 75 g geriebener Parmesan
- 1 EL Salz
- 1 Eidotter (Eigelb)
- 1 EL Dinkelmilch

Zum Bestreuen

- 1 TL brauner Sesam
- 1 TL ganzer Kümmel
- 1 TL ganzer Kreuzkümmel
- 1 TL Mohn
- 1 TL Chiliflocken

Backofen auf 200 °C vorheizen. Mehl, Butter, Wasser, Käse und Salz zu einem Teig kneten und diesen im Kühlschrank 20 Minuten rasten lassen.

Den Teig auf einer bemehlten Arbeitsfläche dünn ausrollen und in Rauten oder Rechtecke schneiden.

2 Backbleche mit Backpapier belegen und die Teigstücke darauf platzieren. Eidotter (Eigelb) mit Dinkelmilch verquirlen und die Teigrauten damit bestreichen.

Nach Belieben mit Sesam, Kümmel, Kreuzkümmel, Mohn oder Chiliflocken bestreuen.

Je nach Dicke 10–12 Minuten bei 200 °C im vorgeheizten Backofen backen.

Tipp: Diese Cracker in ein hübsches Säckchen verpacken und zur nächsten Weihnachtseinladung mitbringen – oder zum Aperitif servieren.

laktosearm ✔ hefefrei ✔

Reinhildes Nusszwieback

Alle Zutaten vermengen und kleine Brotlaibe auf einem mit Backpapier ausgelegten Backblech formen. Bei 200 °C ca. 45 Minuten goldbraun backen.

Der Nusszwieback wird eher hart, ist gut haltbar und kann vor dem Servieren mit einem scharfen Messer in dünne Scheiben geschnitten werden.

laktosefrei ✔ hefefrei ✔

6–8 kleine Brotlaibe

Zubereitung: 15 Minuten
Backzeit: 45 Minuten

Zutaten

- 3 Eier
- 250 g Vollrübenzucker
- 240 g Kamutmehl
- 250 g Rosinen
- 500 g grob gehackte Walnüsse

Müsliriegel

15–20 Riegel

Zubereitung: 10 Minuten
Backzeit: 30 Minuten

Zutaten
- 300 g Müsli nach Belieben
- 1 EL gemahlener Zimt
- 1 EL gemahlener Kardamom
- 1 EL gemahlener Galgant
- 1 EL Vollrohrzucker
- 1 EL Vollkorn-Dinkelmehl
- 4 EL Sojasahne
- Ca. 100 ml Agavendicksaft

Alle trockenen Zutaten vermischen, Sojasahne und Agavendicksaft hinzufügen. Es kann sein, dass je nach Mischung etwas mehr oder weniger davon benötigt wird. Daher am besten in Etappen dazugeben und stoppen, wenn eine gleichmäßige Konsistenz erreicht ist.

Ein Backblech mit Backpapier auslegen und die Masse darauf verteilen. Mit einem Löffel fest andrücken. Bei 180 °C etwa 30 Minuten backen. Aus dem Backofen nehmen, leicht abkühlen lassen und noch warm mit einem Messer in Riegel schneiden. Wenn diese erkaltet sind, einzeln in Butterbrotpapier wickeln.

Es kann sein, dass einige Riegel brechen, diese als Knabberei für zwischendurch einfach in ein verschließbares Glas füllen.

Tipp: Sie können das Müsli auch selbst zusammenmischen. Mögliche Zutaten dafür wären z. B. Haferflocken, Hirseflocken, Amaranth-Pops, Dinkel-Pops, Cornflakes, Leinsamen, Sonnenblumenkerne, Chiasamen (max. 30 g), gemahlene Mandeln, grob gehackte Nüsse, Kokosraspel, getrocknete und grob gehackte Trockenfrüchte wie Cranberrys, Aronia-Beeren, Rosinen, Datteln, Pflaumen …

laktosefrei ✔ hefefrei ✔ vegan ✔

Kraftriegel

20 Riegel

Zubereitung: 20 Minuten
Ruhen: 30 Minuten

Zutaten

- 130 g Hanf- oder Leinsamen
- 50 g Chiasamen
- 2 EL Blütenpollen
- 20 entkernte Datteln (am besten Medjool)
- 100 ml Kokosöl
- Etwas heißes Wasser
- 160 g gehackte Haselnüsse
- Mark von 1 Bourbon-Vanilleschote
- 30 g stark entöltes Kakaopulver
- 50 g feine Haferflocken

Hanf- bzw. Leinsamen, Chiasamen und Blütenpollen in einer Küchenmaschine nicht zu fein hacken und in eine Schüssel geben.

Datteln mit Kokosöl und etwas heißem Wasser (je nachdem, wie frisch und feucht die Datteln sind, mehr oder weniger Wasser nehmen) in einem Mixer pürieren und gemeinsam mit Haselnüssen, Vanillemark, Kakaopulver, Haferflocken und den Saaten in der Schüssel gut vermengen.

Auf ein mit Backpapier belegtes Blech geben und gleichmäßig dick glatt streichen. 30 Minuten kühl stellen und dann mit einem scharfen Messer in Riegel schneiden. Einzeln in Butterbrot-Papier wickeln und in einer luftdichten Dose kühl lagern. Nach einer Woche schmecken die Riegel am besten!

Tipp: Haferflocken sind aufgrund von möglicher Kontamination bei der Herstellung nicht eindeutig als „glutenfrei" zu deklarieren. Auf der sicheren Seite sind Sie, wenn Sie Hafer kaufen, der als „glutenfrei" deklariert ist.

ohne Blütenpollen vegan ✔ glutenfrei ✔ eifrei ✔

Energiebällchen

Alle Zutaten zu einer homogenen Masse verkneten, Bällchen formen und in Kokosette, geriebenen Nüssen oder Kakaopulver wälzen. Im Kühlschrank fest werden lassen.

Tipp: Der Honig kann ganz oder teilweise durch eingeweichte, pürierte Trockenfrüchte, z. B. Rosinen, Datteln, Zwetschken (Pflaumen), ersetzt werden.

laktosearm ✔ hefefrei ✔ eifrei ✔

30–40 Bällchen

Zubereitung: 40 Minuten

Zutaten

- 250 g feine Haferflocken
- 125 g Kokosette
- 4 EL Kakao
- 90 g Butter
- 200 g Honig
- 2 EL Ahornsirup
- Mark von 1 Bourbon-Vanilleschote
- 1 TL gemahlener Zimt
- 100 ml Wasser oder Apfelsaft

- Kokosette, geriebene Nüsse oder Kakaopulver zum Wälzen

Weihnachtliche Desserts

Nuss- & Yogi-Teeschnittchen

12 Schnittchen

Zubereitung: 10 Minuten
Ruhen: 45 Minuten

Zutaten
- 200 g frische, entkernte Medjool-Datteln
- 4 EL Kokosöl
- 2 EL Ahornsirup
- 6 EL Kakaopulver
- Mark von 1/2 Bourbon-Vanilleschote
- 3 EL Yogi-Tee-Mischung (Beutel aufschneiden und so verwenden)
- 2 EL gemahlene Lein- oder Hanfsamen
- 1 Prise Meersalz
- 100 g grob gehackte Nüsse

- Kakaopulver oder gemahlene Nüsse zum Bestreuen

Alle Zutaten, bis auf die Nüsse, in eine Küchenmaschine oder einen Mixer geben und zu einer glatten Masse mixen. Wenn nötig, immer wieder mit einem Löffel nach unten streichen, bis alles gut zerkleinert ist.

Dann die Nüsse dazugeben und von Hand unterkneten. Den Teig auf ein mit Frischhaltefolie belegtes Tablett geben und auf eine Höhe von ca. 1–1,5 cm glatt pressen. Reiben Sie ein wenig Kokosöl auf Ihre Hände, um das Ankleben des Teiges zu verhindern. Die Masse für ca. 45 Minuten im Kühlschrank ziehen und fest werden lassen.

Danach in Schnittchen schneiden und mit Kakaopulver oder gemahlenen Nüssen bestreuen.

Tipp: Sollten Sie keine frischen Medjool-Datteln bekommen, können Sie getrocknete Datteln 10 Minuten in ca. 80 ml heißem Wasser einweichen und dann wie im Rezept beschrieben verarbeiten.

laktosefrei ✔ hefefrei ✔ glutenfrei ✔ vegan ✔

Bratäpfel-Trifle

4 Portionen

Zubereitung: 20 Minuten
Ruhen: 30 Minuten

Zutaten
- 250 ml Mandelmilch
- 4 EL Chiasamen
- 2 EL Reissirup
- 100 g Cashewkerne
- 2 Bratäpfel

Mandelmilch, Chiasamen und Reissirup vermengen und ca. 30 Minuten quellen lassen. Gelegentlich umrühren.

Cashewkerne grob hacken und trocken unter Rühren auf mittlerer Stufe in einer beschichteten Pfanne rösten.

Die Bratäpfel (ausgekühlt oder vom Vortag) grob zerkleinern.

Schichtweise in breite Gläser oder Schüsseln aus Glas füllen: je 2-mal Bratapfel, Cashew, Chiapudding. Mit Nüssen abschließen.

laktosefrei ✔ fettarm ✔ vegan ✔

Orangen-Schokomousse

Eier trennen. Eiklar (Eiweiß) steif schlagen. Die Schokolade im Wasserbad schmelzen und überkühlen lassen.

Eidotter (Eigelb) mit dem Birkenzucker schaumig schlagen, bis die Masse weißlich wird. Orangenöl und Orangenschale unterrühren. Anschließend das Mohnöl tropfenweise langsam zugießen und dabei mixen (wie beim Zubereiten von Mayonnaise). Nun die geschmolzene Schokolade langsam einrühren. Den Eischnee vorsichtig unterheben, das Mousse in Schalen abfüllen und mindestens 2 Stunden kalt stellen.

laktosefrei ✔ hefefrei ✔ glutenfrei ✔

4 Portionen

Zubereitung: 20 Minuten
Ruhen: 2 Stunden

Zutaten
- 3 große Eier
- 150 g Bio-Edelbitterschokolade, mind. 70 % (mit Rohrzucker gesüßt)
- 50 g Birkenzucker
- 5 Tropfen ätherisches Orangenöl
- Abrieb von 1 Bio-Orange
- 100 ml Mohnöl

Schnelle Maroni-Honigcreme mit Dinkelkeksen

4 Portionen

Zubereitung: 10 Minuten

Zutaten
- 200 g Kastanienreis
- 200 ml Schlagobers (Sahne)
- Honig nach Belieben
- 1/2 TL gemahlener Zimt
- Etwas Rum
- 200 g Dinkelkekse

Den Kastanienreis mit 50 ml Schlagobers (Sahne) und Honig nach Belieben glatt rühren. Mit etwas Zimt und Rum aromatisieren. Restliches Schlagobers (Sahne) aufschlagen und unter die Maronicreme ziehen. Die Creme in Gläser füllen und kalt stellen.

Kurz vor dem Servieren die Kekse (z. B. Hildegards Glückskekse, siehe Seite 52) grob zerstoßen und auf der Maroni-Honigcreme verteilen.

hefefrei ✔ eifrei ✔

Vegane Mandel-Pannacotta

4–6 Portionen

Zubereitung: 20 Minuten
Ruhen: 60 Minuten

Zutaten

- Mark und Schote von 1 Bourbon-Vanilleschote
- 500 ml Mandelmilch
- 35 g Kokosblütenzucker
- Saft und Abrieb von 1 Bio-Orange
- 5 g Agar-Agar
- 1 Prise gemahlener Zimt
- 1 Prise gemahlener Kardamom
- 200 ml Sojasahne oder veganes Schlagobers (Sahne)
- 10 g Kokosblütenzucker
- 4 EL Gerstenmalz
- 1 Handvoll gehackte Nüsse

Vanillemark in der Mandelmilch verrühren. Die ausgekratzte Schote dazugeben und alles in einem Topf erhitzen. Kokosblütenzucker darin auflösen, Orangensaft und -schale beifügen. Nun mit einem Schneebesen Agar-Agar einrühren und auf niedriger Flamme ein paar Minuten kochen lassen. Mit Zimt und Kardamom nach Geschmack aromatisieren. In eine Schüssel umfüllen und kühl stellen.

Die Sahne mit 10 g Kokosblütenzucker aufschlagen. Sobald die Mandelmilch zu gelieren beginnt, die Sahne unterrühren und in Schälchen bzw. Formen abfüllen. Mindestens 60 Minuten kühl stellen, bis die Pannacotta ganz fest ist.

Dann aus den Formen stürzen, mit Gerstenmalz (bei nicht veganer Zubereitung kann man auch Honig verwenden) beträufeln und mit gehackten Nüssen bestreuen.

laktosefrei ✔ hefefrei ✔ glutenfrei ✔ vegan ✔

Omas weihnachtliches Apfelmus

Äpfel schälen und schneiden und mit Wasser und Weißwein in einen Topf geben. Gewürze und Zucker beifügen, Zitronensaft darüberträufeln und etwas Zitronenschale hineinreiben. Bei gemäßigter Hitze weich dämpfen. Anschließend die Gewürze entfernen und die Apfel-Mischung mit dem Stabmixer pürieren.

In sterile Einmachgläser (Füllmenge à 250 ml) einfüllen und im Wasserbad oder Dampfgarer (30 Minuten bei 100 °C) einkochen.

laktosefrei ✔ hefefrei ✔ glutenfrei ✔ vegan ✔

4 Gläser (Füllmenge à 250 ml)

Zubereitung: 60 Minuten

Zutaten

- 1 kg Äpfel
- 100 ml Wasser
- 100 ml fruchtiger, veganer Weißwein
- 1 Zimtstange
- 5 Nelken
- 3 Sternaniskapseln
- 20 g Vollrohrzucker
- Saft und Abrieb von 1 Bio-Zitrone

Granatapfel-Joghurt mit Nüssen, Zimt und Honig

4 Portionen

Zubereitung: 10 Minuten

Zutaten

- 2 Granatäpfel
- 1 Handvoll Mandeln
- 1 Handvoll Haselnüsse
- 1 Handvoll Walnüsse
- 800 ml cremiges (griechisches) Joghurt
- Gemahlener Zimt nach Belieben
- Honig nach Belieben

Granatapfelkerne aus der Schale lösen, Nüsse hacken. Das Joghurt mit 3/4 der Granatäpfel und 3/4 der Nüsse verrühren, mit Zimt aromatisieren und auf Schälchen aufteilen.

Jedes Schälchen mit den restlichen Granatapfelkernen und Nüssen bestreuen und mit Honig süßen.

Tipp: Dieses schnelle Dessert ist eine Vitalstoffbombe der besonderen Art und enthält eine Extraportion Antioxidantien, Vitamine und Mineralstoffe. Es erfreut Hirn, Herz, Magen und Darm!

glutenfrei ✔ hefefrei ✔ eifrei ✔

Bestseller

Christine Egger, Ulli Goschler

Anders backen

Gesunde Alternativen zu Weißmehl und weißem Zucker

132 Seiten, farbig, Hardcover
ISBN 978-3-7088-0595-5
EUR 17,99

Im Bestseller „Anders backen" zeigen Spitzenpatissière Christine Egger und Ernährungsberaterin Ulli Goschler, wie sich süße Genüsse und eine gesunde Ernährung vereinen lassen. Verwendet werden vollwertige Mehle von alten Getreidesorten wie Emmer, Einkorn und Dinkel sowie glutenfreie Varianten aus Buchweizen, Braunhirse oder Reis. Alternativen zum weißen Zucker werden in Form von Birkenzucker, Vollrohrzucker, Melasse, Honig, Malz sowie (Trocken-)Früchten zum Einsatz gebracht.

Aus dem Inhalt:

- Heidelbeer-Topfen-Cake mit Braunhirse und Kokosblütenzucker
- Mini-Pavlovas mit Marillen-Mascarpone-Creme
- Nuss-Schoko-Birnenstrudel
- Trockenfrüchte-Röllchen mit Traminerschaum
- Becher-Nusskuchen mit Buchweizen
- Zwetschkenfleck mit Emmerstreuseln
- Roggennudelauflauf mit Cranberrys
- Dinkelpalatschinken mit Honigbananen
- Haselnuss-Brownies
- Würzige Schoko-Hafer-Dinkel-Cookies

www.kneippverlag.com